Inhalt

		Ich bin fit fürs Gymnasium!	Das will ich noch mal wiederholen.

Vorwort _____ 3

Rechtschreibung

Lange und kurze Vokale	4	☐	☐
Dehnung: *-h, -ie, -ih, -ieh, -i*	6	☐	☐
Doppel- und Dreifachkonsonanten	8	☐	☐

Schwierige Laute

s-Laute	10	☐	☐
ck und *tz*	12	☐	☐

Anlaute und Auslaute

F/f, V/v, Pf/pf	14	☐	☐
b/p, d/t, g/k	16	☐	☐

Gleiche und ähnliche Laute

äu/eu, ä/e, ai/ei	18	☐	☐
ks	20	☐	☐

Groß- und Kleinschreibung	22	☐	☐
Silbentrennung	24	☐	☐
Zeichensetzung und wörtliche Rede	26	☐	☐
Test: Rechtschreibung	28	☐	☐

Grammatik

Nomen auf *-heit, -keit, -ung, -schaft, -nis, -in* (mit Pluralbildung)	30	☐	☐
Adjektive auf *-ig, -lich, -bar, -isch, -haft, -los, -sam*	32	☐	☐
Verben auf *-en, -eln, -ern* und *-ieren*	34	☐	☐
Vorangestellte Wortbausteine (Vorsilben)	36	☐	☐
Fremdwörter	39	☐	☐

Wortarten

Die vier Fälle des Nomens	40	☐	☐
Pronomen	42	☐	☐
Zeitformen der Verben	44	☐	☐
Adjektive und ihre Steigerungsformen	46	☐	☐

Sätze

Satzglieder (Subjekt, Prädikat, Objekt)	48	☐	☐
Satzergänzungen (Objekte)	50	☐	☐
Satzverbindungen	52	☐	☐
Adverbiale Bestimmungen	53	☐	☐
Test: Grammatik	54	☐	☐

Inhalt

| | Ich bin fit fürs Gymnasium! | Das will ich noch mal wiederholen. |

Texte verfassen

Erzählungen

Grundsätzliches	56	☐	☐
Steigerung und Höhepunkt	58	☐	☐
Wortfelder	60	☐	☐
Einsatz wörtlicher Rede	62	☐	☐
Märchen	64	☐	☐
Bildergeschichte	67	☐	☐
Nacherzählung	70	☐	☐

Sachtexte

Bauanleitung	72	☐	☐
Informativer Text (Lebenslauf)	75	☐	☐
Bericht (Wetterbericht)	78	☐	☐
Tabellen	80	☐	☐
Personenbeschreibung	82	☐	☐
Interview	84	☐	☐
Einen Sachtext kontrollieren	86	☐	☐

Gedichte

Reimschema, Limerick	88	☐	☐

Formulare

Einen Fahrradpass ausfüllen	90	☐	☐

Briefe

Einen Brief schreiben	92	☐	☐
Test: Texte verfassen	94	☐	☐

Texten Informationen entnehmen

Einfache Informationen entnehmen

... aus einer Erzählung	98	☐	☐
Mit Sprache spielen	102	☐	☐
Strategisches Lesen	104	☐	☐
... aus einem Brief	106	☐	☐
... aus einem Sachtext	108	☐	☐
... aus einem Sachtext	111	☐	☐

Ungewöhnlichen Textsorten Informationen entnehmen

... aus einem Bericht	114	☐	☐
Fahrplan und Preisliste	116	☐	☐
Statistik	118	☐	☐
Bauanleitung	120	☐	☐
Redensarten übersetzen	123	☐	☐
Test: Texten Informationen entnehmen	124	☐	☐

Lösungsheft	hintere Umschlagseite
Übersicht über wichtige Fachbegriffe	Lösungsheft S. 2

Vorwort

Hallo _____ !
(dein Name)

Bist du in der 4. Klasse und möchtest nach der Grundschule gern ins Gymnasium gehen? Brauchst du dafür im Fach Deutsch noch bessere Noten?

Kein Problem! Dieses Übungsbuch unterstützt dich auf deinem Weg ins Gymnasium und hilft dir, deine Noten in Deutsch zu verbessern. Du kannst mit diesem Buch ganz gezielt üben – such dir einfach das Thema aus, das du trainieren möchtest, und los geht's.

In jeder Lerneinheit wirst du Schritt für Schritt an das Thema herangeführt. Regeln im blauen Kasten helfen dir, dich an das Wichtigste zu erinnern. Du kannst aber auch gleich mit den Aufgaben beginnen und die Regel erst dann lesen, wenn du unsicher bist.

Zu jedem Thema findest du am Ende Aufgaben mit Zeitangaben, die dir zeigen, ob du schon fit fürs Gymnasium bist. Leg dir zum Lösen dieser Aufgaben ein eigenes Heft an. Wenn du ein Thema bearbeitet hast, kannst du im Inhaltsverzeichnis abhaken, ob du fit fürs Gymnasium bist oder ob du den Stoff noch mal wiederholen möchtest.

4 kleine Tests zeigen dir, wie du stehst. Damit du weißt, wie gut du wirklich bist, kannst du dir für jeden Test eine Note geben. Auf diese Weise kannst du genau sehen, ob du die Note hast, die du fürs Gymnasium brauchst.

Auf deinem Weg ins Gymnasium wünschen wir dir viel Erfolg!

Autoren und Verlag

Lange und kurze Vokale

- Die Vokale *a, e, i, o, u* können kurz oder lang gesprochen werden: *Falle, Brot.*
- Selten folgt einem kurz gesprochenen Vokal nur ein Konsonant: *man, zur.*
- Nach einem kurz gesprochenen Vokal werden häufig zwei oder mehrere Konsonanten geschrieben: *Kummer, Durst, Zucker, Tatze* (siehe Seiten 8–9).
- Oft werden lang gesprochene Vokale nicht gekennzeichnet: *Brot, Schote.*
- Manchmal wird der lange Vokal *a, e* und *o* verdoppelt: *Saal, Meer, Moor.* Ihre Umlautschreibung *ä, ö* wird nicht verdoppelt: *Saal – Säle.* Merke dir diese Wörter gut.
- Das lang gesprochene *i* wird oft *ie* geschrieben: *Liebe, schieben* (siehe Seiten 6–7).
- Ein lang gesprochener Vokal kann durch ein Dehnungs-h gekennzeichnet werden: *Wahl, kehren, ihr, Mohr, Uhr* (siehe Seiten 6–7).
- Die Laute *au, äu, eu, ei, ai* sind Doppellaute.

1 Setze unter die lang gesprochenen Vokale einen Strich, unter die kurz gesprochenen einen Punkt:

Wagen	Hütte	Bild	viel	Gras	Dame
Kuss	Gruß	sitzen	Schuhe	Schiff	Knoten
Krähe	stark	Räder	Brombeere	Kuckuck	Hals
malen	Spatz	Zoo	Woge	Wonne	Frosch

Tipps:
- Sprich die langen oder kurzen Vokale in einem Wort immer deutlich aus.
- Unterscheide gleich lautende, aber unterschiedlich gedehnte Wortstämme durch Doppelvokale oder Dehnungs-h: „Moor" – „Mohr", „Meer" – „mehr".

2 In jeder Reihe steht ein Kuckucksei. Streiche es durch.

gesund	rund	~~Fuß~~	Schuft	Hammer	Puppe
frieren	ziehen	Beet	schlimm	wieder	Knoten
Dame	lachen	jammern	Wald	schnell	Bank
leer	Beine	Raum	wenn	Mehl	Bohne
essen	Herz	Meinung	Salz	Treppe	hin

Lange und kurze Vokale 5

3 Fülle die Tabellen aus!

aa, ee oder oo?	Klee
	M___r
	___l
	T___r
	P___r
	B___re
	St___t
	Z___
	M___s

ä, ö oder ü?	K___bel
	S___nger
	M___bel
	M___dchen
	h___bsch
	___ngstlich
	k___nnen
	fr___h
	K___ln

ei oder eu?	G___ge
	h___te
	M___nung
	Kl___dung
	B___te
	kr___zen
	Fl___sch
	H___
	___gentlich

au, äu oder ai?	M___er
	L___ch
	B___erin
	S___gling
	K___f
	H___
	K___ser
	tr___men
	b___meln

Bist du fit fürs Gymnasium?

4 In diesem Text sind fast alle Vokale, Umlaute und Doppellaute verschwunden. Setze sie sinnvoll ein.

etwa 15 min

G___st___rn h___tt___ ___ch Str___t m___t m___n___r Fr___nd___n. S___ w___llt___ d___s___ Z___ck___ Annika z___m Sp___l___n m___tbr___ng___n. D___ k___nn ___ch ___b___rh___pt n___cht l___d___n. W___r___m kl___ppt d___s b___ m___n___m Br___d___r ___nd s___n___n Fr___nd___n? D___ h___b___n n___ ___rg___r. V___ll___cht s___llte ___ch m___ch m___hr b___m___h___n! Annika ___st ___g___ntl___ch ___n n___tt___s M___dch___n. ___ch w___ll n___r n___cht, d___ss s___ m___r m___n___ b___st___ Fr___nd___n w___gn___mmt!

6 Dehnung: -h, -ie, -ih, -ieh, -i

- Das Dehnungs-*h* steht in vielen Wörtern nach einem langen Vokal. Es steht oft vor den Buchstaben *l, m, n* oder *r*: *fahren, lehren*.
- Einen langen *i*-Laut schreibt man fast immer als *ie*: *Dieb, lieben*.
- In seltenen Fällen gibt es nur ein *i*, *ih* oder sogar *ieh*: *dir, Mandarine, ihm, Vieh* ... Präge dir diese Wörter gut ein.

1 Unterstreiche in dem Text die Wörter mit einem lang gesprochenen *i*-Laut und mit einem Dehnungs-*h*. Sortiere sie in die Tabelle ein (Verben in der Grundform).

Paul und Marlen planen eine Fahrt zum Mond. Ihnen steht die nagelneue Rakete ihres Vaters zur Verfügung. Er ermahnt seinen Sohn: „Gehe behutsam mit dem Gefährt um! Wir wollen euch im Juni gesund wiedersehen." Als Marlen ihren niedlichen Tiger in die Rakete zieht, protestiert ihr Bruder: „Musst du dieses Vieh mitnehmen? Willst du, dass ich gleich fliehe?" Das Mädchen erwidert: „Hier bestimme ich, was geschieht! Ohne mich wärst du nie auf die Idee gekommen, Papas Rakete zu benutzen!" Der Countdown schreitet ohne Pause weiter. Noch zehn Sekunden! Mühelos beginnt das Abenteuer, und Paul sieht aus dem Fenster den Erdball wie im Kino vorbeifliegen.

Hörbares Dehnungs-h	Dehnungs-h vor l, m, n oder r	-ie	-ih	-ieh	Langes -i ohne Dehnungs-h
	Fahrt				

Tipps:
- Manchmal kannst du das Dehnungs-*h* beim Sprechen hören: *sehen, gehen*.
- Schreibe die Verb-Endung *-ieren* immer mit *ie*: *telefonieren, zitieren*.
- Wortstämme mit Dehnungszeichen werden stets gleich geschrieben: *Sohn — versöhnen — Söhne — versöhnlich*

Dehnung: -h, -ie, -ih, -ieh, -i 7

2 Bilde Wortfamilien, und unterstreiche den Wortstamm.

Brief: _brieflich,_ _____

wohnen: _____

Musik: _____

ziehen: _____

ihr: _____

drehen: _____

3 In diesen Reihen sind Wörter mit langem *i* versteckt. Markiere sie, und schreibe die Wörter auf. Achte auf die Groß- und Kleinschreibung.

DKOWE**RUINE**DKFIESDIENSTDKFAIEIGELDKFJEIFAÄVNSTIERNFIRWEVIEH
JFIEFSÄAEWIRKDFNBIRSPIELHIHGIHRUDKFIEROSINEKDKNVIOEKIESDKVN
SDFNIEKINODLNVIEEBVSHIERKSLNUIEOGESCHIEHTSKDVNBIERDIROENVF
DFROHFFPAPIEROSPFJOPGARDINESDKFIHNSKLDFGIERIGFKDSBIBELDFJ

Ruine, _____

_____

_____

_____

> **Bist du fit fürs Gymnasium?**

4 Setze die richtigen Buchstaben ein! Es gibt auch Wörter ohne Dehnungszeichen.

etwa 10 min

Paul und Marlen schi___ßen in den Weltraum. Fest in i___ren Sitz gepresst halten si___ sich instinkti___v mit den Händen fest. Di___ses Gefä___rt wird in di___sem Juni___ i___re Wo___nung sein. Zu i___rer Entspannung lauschen di___ Kinder im Kopfhörer Musi___k. Das Li___d, das gerade gespi___lt wird, gibt i___nen das Gefü___l von Zufri___denheit. Sehr intensi___v denken beide an i___re Fami___li___. Wi___r werden doch jetzt keinen Fe___ler machen! Ru___ig gleitet di___ Maschi___ne durch das Dunkel. Paul und Marlen fü___len sich wo___l. Si___ sind neugi___rig, wi___ di___ Mission schli___ßlich enden wird. Hoffentlich geschi___t nichts Unvorhergese___enes, und wir haben eine Kri___se. Zum Glück haben di___ beiden eine le___rreiche Zeit im Trainingslager verbracht. Ti___f durchatmend le___nen sie sich zurück und blicken durch die ri___sigen Scheiben. Di___ Erde si___t wunderschön aus im blauen Dunst der Atmosphäre.

Doppel- und Dreifachkonsonanten

- Nach einem kurzen Vokal schreibst du fast immer mehrere Konsonanten: *dunkel, schwanken*.
- Wenn du dabei nur einen Konsonanten hörst, musst du ihn doppelt schreiben: *rennen, Robbe*.
- Einige Wörter haben den Doppelkonsonanten am Wortende. Wenn sie mit anderen Wörtern zusammengesetzt werden, die mit demselben Konsonanten beginnen, bleiben alle drei Konsonanten erhalten: *Schifffahrt, Kennnummer*.

1 Füge die Silben richtig zusammen. Setze unter den kurzen Vokal einen roten Punkt, und kreise die Doppelkonsonanten ein. Achtung, hier sind Kuckuckseier versteckt!

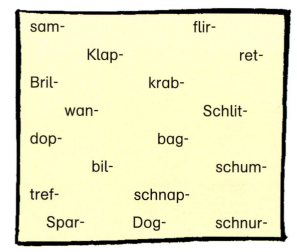 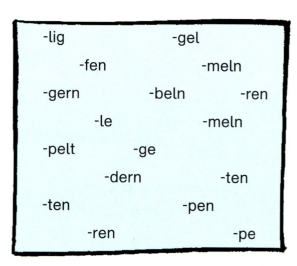

sa.mm eln,
_____

_____

_____

_____

Schreibe die Kuckuckseier hier auf: _____

Tipps:
- Schreibe Wörter mit dem gleichen Wortstamm immer gleich:
  rennen — er rennt — Autorennen — Rennbahn.
- Stehen die Doppelkonsonanten in der Mitte der Wörter, so kennzeichnen sie die Mitte zwischen zwei Silben: ren-nen, Tel-ler.

Doppel- und Dreifachkonsonanten

2 Schreibe die Wörter nach Silben getrennt auf. Übe dabei, mit den Händen zu klatschen. Achte darauf, dass du den Konsonanten am Ende und am Anfang der Silben deutlich aussprichst.

Sammelstelle: **Sam-mel-stel-le**   spannend: _____

jammern: _____   klettern: _____

gammeln: _____   Mittag: _____

hoppeln: _____   Waffel: _____

klappen: _____   rubbeln: _____

3 Findest du Wörter mit drei gleichen Konsonanten?

Wett	Nummer
Ballett	Fahrt
Stoff	Tuch
Kenn	Tipp
Bett	Faden
Schiff	Tänzerin
Brenn	Sack
Fress	Nessel

We**ttt**ipp

_____

_____

_____

_____

_____

_____

_____

Bist du fit fürs Gymnasium?

4 Setze die richtigen Doppelkonsonanten in den Text ein!

etwa 10 min

Friedrich Schi____er – ko____ekt und schne____ mit Wilhelm Te____

Einer der beka____testen deutschen Dichter heißt Friedrich Schi____er. Neben

to____en Ba____aden schrieb er auch spa____ende Dramen, z.B. „Wilhelm Te____".

Mi____en in der Schweiz he____scht der tyra____ische Landvogt Gessler. Wilhelm

Te____ kämpft mit den Mä____ern von Uri gegen die feindlichen Tru____en. Die

Spa____ung steigt bei Te____s spektakulärem Apfelschu____. Schließlich ko____t es

zu der Begegnung mi____en in der hohlen Ga____e.

Aus diesem Stück ke____st du vielleicht einige Zitate: „Die Axt im Haus erspart den

Zi____erma____", „Wo rohe Kräfte si____los walten", „Es ka____ keiner in Frieden

leben, we____ es dem bösen Nachbarn nicht gefä____t", „Durch diese hohle Ga____e

mu____ er ko____en", „Der langen Rede kurzer Si____", oder „Zurück! Du re____est

den Freund nicht mehr!"

Schwierige Laute: s-Laute

- Der stimmlose *s*-Laut wird nach einem langen Vokal oder einem Doppellaut als *ß* geschrieben, wenn im Wortstamm kein Konsonant folgt: *Fuß, fließen.*
- Merke dir diese Ausnahme: Nach einem langen Vokal oder einem Doppellaut schreiben wir den stimmlos gesprochenen *s*-Laut manchmal nur als *s*: *Rasen, Maus.*
- Nach einem kurzen Vokal folgt meistens ein *ss*: *Fass, lässig.*
- Das Bindewort *dass* wird immer mit *ss* geschrieben: *Es wird Zeit, dass ihr fertig werdet.*
- Den Artikel und das Pronomen *das* schreiben wir immer mit *s*: *Mir gefällt das Buch.*
- Nomen mit den Endungen *-nis* und einige Fremdwörter werden im Singular nur mit *s* geschrieben, im Plural aber mit *ss*: *Ärgernis – Ärgernisse.*

1 Sortiere die Wörter in die richtige Tabellenspalte ein. Achte bei der Aussprache auf die Länge der Vokale!

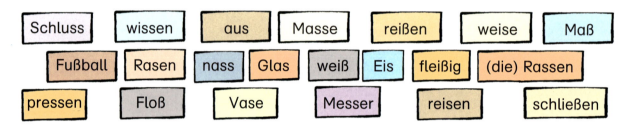

Wörter mit langem Vokal oder Doppellaut und ß	Wörter mit langem Vokal oder Doppellaut und s	Wörter mit kurzem Vokal und ss
reißen	aus	Schluss

2 Bilde Wortfamilien, und achte auf die *s*-Laute:

fressen: er frisst, _____

essen: _____

fließen: _____

schließen: _____

gießen: _____

Schwierige Laute: s-Laute

Tipp: Ob „das" als Artikel oder Pronomen verwendet wird, kannst du erkennen, wenn es durch die Wörter „dieses" oder „welches" zu ersetzen ist: Das Mädchen, das ich kenne, ...: Dieses Mädchen, welches ich kenne, ...

3 Entscheide, ob du *das* oder *dass* einsetzen musst.

Julian erwartet, ____ die DFB-Elf bei der nächsten WM genauso gut spielt wie im Jahr 2006 in Deutschland. Sein Bruder Simon besitzt ein Album, ____ alle Mannschaften der FIFA-WM in Deutschland enthält. ____ Heft, ____ er immer bei sich trägt, enthält fast schon alle Sticker. Simon weiß, ____ sein Bruder neidisch darauf ist. ____ lässt ihn jedoch kalt. ____ Julian aber sein Album ständig versteckt, ____ erzählt er keinem. Vielleicht kann er sich dazu entschließen, ____ er Julian seine doppelten Bildchen schenkt.

4 Bilde entweder den Singular oder den Plural.

Geheimnis –	**Geheimnisse**	Ergebnisse –	_____
Erlaubnisse –	_____	Kenntnis –	_____
Verzeichnisse –	_____	Zeugnis –	_____
Erlebnis –	_____	Ereignis –	_____
Hindernisse –	_____	Ärgernis –	_____

Bist du fit fürs Gymnasium?

5 Setze den richtigen *s*-Laut ein.

etwa 8 min

Julian und Simon sind begei____terte Fu____ball____pieler. Im Training pa____en sie auf, da____ sie alle Anwei____ungen des Trainers angeme____en umsetzen. Mei____tens gelingt ihnen da____. Auch wenn sie am Schlu____ müde sind, rei____en sie sich zu____ammen und schie____en da____ eine oder andere Tor. Am Wochenende mu____ ihr Vater regelmä____ig mit auf den Fu____ballplatz. Dort genie____t er, wie seine Söhne über den Ra____en sau____en. Da – Julian gelingt ein genau beme____ener Pa____! Zuvor hat er alle Hinderni____e umspielt. Simon erzielt schlie____lich da____ Tor, da____ die Ergebni____e der letzten Spiele verge____en lä____t. Papa ist völlig au____er sich. Sind seine Söhne nicht kla____e? Man kann erahnen, da____ ihnen da____ Spielen Spa____ macht. Dummerwei____e verstaucht sich Vater den Fu____, al____ er auf der Stra____e zum Auto läuft.

Schwierige Laute: ck und tz

- Die Buchstaben *ck* und *tz* stehen nur nach kurzen Vokalen: *Wecker, Katze*.
- Nach den Buchstaben *l*, *n* oder *r* steht nur ein *k* oder ein *z*: *Wolke, Warze*.
- Wörter mit langen Vokalen oder Doppellauten schreiben wir nur mit *k* oder *z*: *Haken, heizen*.
- Bei der Silbentrennung werden die Buchstaben *ck* nicht getrennt: *We-cker*.
- *tz* wird bei der Silbentrennung getrennt, wenn danach ein Vokal folgt: *Kat-ze*.

Tipp: Es gibt keine deutschen Wörter mit kk oder zz. „Mokka" oder „Pizza" sind Fremdwörter.

1 Hier fehlen die Buchstaben *ck, k, tz* oder *z*. Sortiere die Wörter in die Tabellen ein!

Glü**ck**   gei**z**ig   schwi**tz**en   kni**ck**en   Hei**z**ung
Wol**k**e   Bal**k**on   Spa**tz**   Geschen**k**   Pä**ck**chen
Pil**z**   erschre**ck**en   plö**tz**lich   spa**z**ieren   star**k**
lo**ck**er   je**tz**t   e**k**elig   zule___t   Wi___
sin___en   Dre___   Schau___el   Ar___t   stol___
lo___en   schwa___en   La___en   E___e   verle___en
Pflan___e   wel___en   Wur___el   tro___dem   drü___en
Tän___er   Hi___e   dun___el   gan___   Stre___e

ck	k	tz	z
Glück	Wolke	schwitzen	geizig
knicken	Balkon	Spatz	Heizung
erschrecken	Geschenk	Päckchen	Pilz
	stark	plötzlich	spazieren
	ekelig	jetzt	

Schwierige Laute: ck und tz

2 Hier haben sich Wörter mit *ck* oder *k* versteckt. Markiere sie, schreibe sie auf, und trenne sie (wenn möglich). Achte dabei auf die Groß- und Kleinschreibung!

Kdfjiowe**völker**iöxdüdärdlschreckmqüydäblickenfjeidläapemückeepweesöpwdkparke
neüwqßvmsötzyxcheirgeschenküfäwghhakeneiwopvrüstreckeeowpoefschaukelsrkfjpe
oüblkpewoeriovnsplakatkdnsioewolkedknvopeievidkbackenksdfjeoidackeloefjivnaäpe

Völker, Völ-ker, _____

_____

_____

_____

3 Füge die Silben zu sinnvollen Wörtern zusammen, und schreibe sie in dein Heft.

wit-		schmü-
schreck-	fle-	
Krü-	sprit-	Tat-
	Ze-	
Ge-	Müt-	le-

-cke		-schenk
-cke	-cker	-ze
-ze	-cken	-ckig
	-lich	
-zig		-zig

Bist du fit fürs Gymnasium?

4 Kreise in den folgenden Sätzen die Fehler ein. Schreibe den Text dann in der korrekten Schreibweise ab.

etwa 30 min

Motzart und die unglükliche Pamina

Wolfgang Amadeus sezt sich entsezt und vertzweifelt an seinen ekkigen Schreibtisch. Er sollte seine Oper „Die Zauberflöte" endlich fertig schreiben! „Oh tzauberhafte Pamina, wie wird sich dein Schiksal nur erfüllen?" Sie wurde von dem Sonnenckönig Sarastro entführt und in seinem Schloss verstekkt. Ihre Mutter, die Königin der Nacht, herrscht über die Dunckelheit. Printz Tamino soll die Printzessin zurückholen und mit ihr glükklich werden. Er verirrt sich aber im duncklen Wald. Der Vogelfänger Papageno wird zu seinem Schuzz geschikkt. Die Königin schenckt den beiden eine Tzauberflöte und ein Glokkenspiel mit geheimen Kräften. Papageno entdekt das Schloss des Sarastro und seine schrekklichen Wärter. Nachdem er seinen Schreken überwunden hat, schleicht er sich zu Pamina und ertzählt ihr von dem schönen Printzen. Tamino kann den Weg zu der Printzessin jedoch nicht entdekken und spielt seine Tzauberflöte. Da antwortet Papagenos Glokkenspiel. Sarastros Wächter erwischen den Printzen. Sarastro schenckt ihm Pamina tzur Frau, die er nur tzum Schuz vor ihrer tzornigen Mutter entführt hat. Papageno beckommt endlich eine Papagena.

Anlaute und Auslaute: F/f, V/v, Pf/pf

- Für Wörter mit *F/f*, *V/v* und *Pf/pf* im Anlaut gibt es keine Regel.
- *ver-* und *vor-*, das weiß jeder Mann und jede Frau, schreibt man stets mit Vogel-*V*: *versprechen, vorsprechen.*
- Die Endung *-iv* wird ebenfalls immer mit *v* geschrieben: *aktiv, Detektiv.*
- Nach dem Buchstaben *m* folgt häufig ein *pf*, auch wenn du nur ein *f* hörst: *impfen, Kampf.*
- Mehrsilbige Wörter werden zwischen *p* und *f* getrennt, wenn danach ein Vokal folgt: *tap-fer, hüp-fen.*

1 Trenne die Wörter, und schreibe sie auf. Achte auf die Groß- und Kleinschreibung.

> Tipp: Es gibt weniger Wörter, die mit dem Buchstaben v beginnen oder enden als mit dem Buchstaben f. Versuche, dir möglichst viele davon zu merken!

Wörter mit v	Wörter mit f
voll	Fenster
Verkehr	farbig
vielleicht	Faser
Vulkan	fantastisch
Vorsicht	Ferne
Vetter	Folter
Vers	fünf

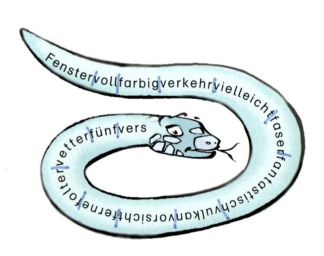

> Tipp: In einigen Wörtern wird das V wie ein W ausgesprochen. Meistens sind diese Wörter Fremdwörter: Vase, privat.

2 *V* oder *W* im Anlaut?

Ventil   **W**asser   **V**ase   **V**ampir   **W**inter   **V**anille   **W**elt
Waffel   **V**itamine   **W**arm   **V**irus   **W**anne   **V**ulkan   **V**erb

3 *Pf* oder *f*?

Dam**pf**   Nagel**f**eile   Holz**pf**eil   stum**pf**   **pf**eifen   **F**oto   **pf**ote
dum**pf**   Kram**pf**   Strum**pf**   Ko**pf**   **Pf**laster   **F**liege   Zo**pf**
Wettkam**pf**   Kra**f**takt   Bettzi**pf**el   Tie**f**see   Bleisti**f**t

Anlaute und Auslaute: F/f, V/v, Pf/pf 15

4 Setze die richtigen Wortbausteine *ver-, vor-, viel-, voll-* oder *vorder-* in die Überschriften der Tabelle. Vervollständige dann die Wörter in der Tabelle. Achte auf die Groß- und Kleinschreibung.

___	___	___	___	___
vorwärts	___fach	___seite	___achten	___bringen
___spielen	___leicht	___grund	___gessen	___führen
___machen	___mehr	___ausgang	___legen	___macht
___mittag	___seitig	___pfote	___lieren	___enden
___rang	___zahl	___achse	___stand	___strecken
___rücken	___sagend	___indien	___traulich	___gas
___tragen	___fraß	___rad	___sprechen	___jährig

Bist du fit fürs Gymnasium?

5 Sortiere die Wörter nach ihrer Aussprache: *f* oder *w*?

~~Violine~~ Vater Vampir ~~vier~~ brav Vetter negativ Veilchen Vase ~~Larve~~ ~~Vers~~ ~~Vulkan~~ ~~Nerv~~ Viktor ~~Villa~~ ~~Ventilator~~ Kurve ~~Virus~~ positiv Vitamine

v wie f: _Vater, vier, brav, Vetter, negativ, Veilchen, Larve, Vers, Nerv, positiv_

v wie w: _Violine, Vampir, Vase, Vulkan, Viktor, Villa, Ventilator, Kurve, Virus, Vitamine_

etwa 5 min

6 Finde ähnlich klingende Wörter mit *pf* im Anlaut:

der Flaum – die _Pflaume_   fahl – der _Pfahl_

der Fund – das _Pfund_   der Flug – der _Pflug_

etwa 4 min

7 Einige Wörter sind falsch geschrieben. Schreibe sie richtig in dein Heft, und zerlege sie auch in ihre Silben.

Fanne Hanpf Kämfe Flaster Naff Strümpfe Pfirsich tropfen Gifel Fingsten

etwa 5 min

8 Bilde mit den *pf*-Wörtern die 3. Person Singular:

stopfen   hüpfen   schlüpfen   köpfen   stapfen   impfen   rupfen   kämpfen

etwa 5 min

Anlaute und Auslaute: b/p, d/t, g/k

Für die Schreibweise *b/p, d/t* oder *g/k* gibt es am Anfang und am Ende von Wörtern leider keine Regel. Sprich die Buchstaben am Wortanfang deutlich aus.

1 Suche aus einem Wörterbuch Wörter, die mit folgenden Buchstaben enden, und trage sie ein.

Wörter mit -b	Wörter mit -p
der Raub	der Lump

Wörter mit -d	Wörter mit -t
das Rad	der Rat

Wörter mit -g	Wörter mit -k
der Anfang	krank

Tipp: Wenn du nicht sicher bist, ob am Wortende b oder p, d oder t, g oder k geschrieben wird, dann verlängere das Wort: Bad — Bäder, er bleibt — bleiben, karg — karge.

Anlaute und Auslaute: b/p, d/t, g/k

2 Finde zu den Wörtern aus Aufgabe 1 Verlängerungen (Plural, Grundformen usw.)

Wörter mit -b	Wörter mit -p
die Räuber	der Lumpen

Wörter mit -d	Wörter mit -t
die Räder	raten

Wörter mit -g	Wörter mit -k
anfangen	die Krankheit

Bist du fit fürs Gymnasium?

3 Setze die richtigen Buchstaben ein: b/p, d/t, g/k.
Achte auf die Groß- und Kleinschreibung.

etwa 8 min

Die blon_d_e Cecilie und die _d_un_k_elhaari_g_e Fatma sin_d_ schon sehr lan_g_e
Freun_d_innen. Lei_d_er _b_esuchen sie nicht die _g_leiche _K_lasse. Cecilie _g_eh_t_
in die 4a un_d_ Fatma in die 4c. _B_ereits im Kindergarten ver_b_rachten die _b_eiden
fas_t_ je_d_en Nachmitta_g_ miteinan_d_er. Sie fahren _g_ern mit dem Ra_d_
geschwin_d_ durch den Wal_d_ und über das Fel_d_. Die Mädchen haben diesel_b_e
Lieblingsfar_b_e Gel_b_. Scha_d_e, dass sie nicht zusammen Urlau_b_ am Stran_d_
machen können, um _B_ur_g_en im San_d_ zu _b_auen. Fatma fähr_t_ mit ihren Eltern
an _d_eren Heimator_t_ in die Türkei.

Gleiche und ähnliche Laute: äu/eu, ä/e, ai/ei

- Wörter schreiben wir häufig mit *ä*, wenn es eine Grundform mit *a* gibt: *Blätter – Blatt.*
- Wörter mit *äu* haben meistens ein verwandtes Wort mit dem Doppellaut *au*: *Bäume – Baum.*
- Finden wir kein verwandtes Wort mit *a* oder *au*, so schreiben wir in der Regel *e* oder *eu*: *beten, Beute.*
- Für die Schreibweise mit *ai* oder *ei* gibt es leider keine Regel: *Laib – Leib, Mai.*

1 Fülle die Tabellen aus!

ä oder e?	äu oder eu?	ai oder ei?
Schäden	Träumer	Laich
kr___ftig	H___te	k___ner
Kn___bel	L___te	K___ser
Gl___ser	schn___zen	M___
H___bel	r___men	T___l
S___cke	Fr___nd	S___l
___ngstlich	t___er	M___n
schw___nken	gl___big	M___s
erk___nnen	S___gling	H___
dr___ngeln	K___le	R___ter
f___rtig	b___gen	T___fun
f___rben	Geb___de	K___

Tipp: Nur wenige Wörter ohne Ableitung schreiben wir mit ä oder äu: Lärm, Säule.

Tipp: Merke dir gleich klingende Wörter mit ai oder ei, die eine unterschiedliche Bedeutung haben, am besten im Zusammenhang: der weise Mann — Waisenkind, Buchseite — Gitarrensaite.

Gleiche und ähnliche Laute: äu/eu, ä/e, ai/ei

2 Finde verwandte Wörter mit *a* oder *äu*. Achte auf eingebaute Fallen!

ernähren	–	Nahrung	kälter	–	_____
Bänder	–	_____	Märchen	–	_____
er fängt	–	_____	Nähe	–	_____
ärgerlich	–	_____	ängstlich	–	_____
quälen	–	_____	dämlich	–	_____
Frau	–	_____	Schaum	–	_____
kaum	–	_____	Saum	–	_____
Pause	–	_____	Haufen	–	_____
Zauber	–	_____	bauen	–	_____
Glauben	–	_____	faul	–	_____

3 In diesem Buchstabenkasten findest du Wörter mit *ai*. Markiere sie!

G	B	S	Ä	W	T	S	A	I	T	E	P	Y	M	L	M	A	I	O	Z
S	H	H	A	I	B	Q	J	X	M	A	I	S	Ü	A	F	U	K	P	Ä
L	A	I	E	H	B	U	Ö	R	Q	O	A	V	K	A	I	S	E	R	T
H	W	R	A	J	L	A	I	C	H	L	U	Z	E	S	K	A	I	Z	B
F	I	L	A	I	B	C	H	K	M	W	A	I	S	E	M	K	Ö	Ä	R
H	C	E	Z	U	U	M	A	I	N	H	T	W	Q	Ü	P	A	X	G	K

Bist du fit fürs Gymnasium?

4 Hier hat sich der Fehlerteufel eingeschlichen. Schreibe den Text richtig in ein Computerprogramm ab, und benutze danach das Rechtschreibprogramm.

etwa 30 min

Lissy, das Seejungfreulein

Lissy lebt seit vielen Jahren im Mein. Häute ist sie richtig gut ausgeschlafen. Fräudig denkt sie an ihre Treume aus den letzten Nechten. „Teusche ich mich, oder warten dort vorne meine Fräunde auf mich, von denen ich getreumt habe?", fragt sich das Seejungfreulein. Entteuscht bemerkt Lissy, dass sie sich geirrt hat. Um sich abzulenken, taucht sie auf und bemerkt am Kei ein Gedrenge. Viele kleine Seejungfreulein heufen sich an einem Punkt. Ändlich bemerkt auch Lissy den Grund: Da schwimmt ja der Keiser der Seeungeheuer! In seiner Hand tregt er einen Kefig, in dem er seine Bäute spazieren führt! In der anderen Hand helt er einen Läuchter. Lissy bewegt sich auf ihn zu. „Guten Morgen!", grüßt sie ihn engstlich, denn der Boss der Seeungeheuer hat eine kreftige, gefehrliche Gestalt. „Was machst du denn mit dem Fischleich?", fragt das Freulein forsch. „Ich warte, dass sich daraus kleine Fischlein schelen. Die sind meine Laibspeise." Der Keiser läckt sich die Lippen. Lissy setzt ihr schönstes Lecheln auf. „Willst du mir nicht die Fräude machen und mir deine Bäute schänken?" Der Seeungeheuer-Keiser schmilzt dahin und gibt ihr den Kefig. Rate mal, welche Plene Lissy damit hat!?

Gleiche und ähnliche Laute: ks

- Für die Lautverbindung *ks* schreibt man in einigen Wörtern auch *chs*, *cks*, *gs* oder *x*: *Fuchs*, *tricksen*, *flugs*, *Hexe*.

- Es gibt nur wenige Wörter, die wir mit *gs* schreiben: *flugs*, *rings(um)*.

- Wörter in den Personalformen oder Ableitungen werden mit den gleichen Lautverbindungen geschrieben: *wachsen – er wächst*, *tricksen – du trickst*.

1 Sortiere die Wörter mit *ks*-Laut in die Tabelle ein!

B O X E R D A C H S S C H N U R S T R A C K S F L U G S K N I C K S A C H S E K N A
C K S E N L I N K S G E W Ä C H S T A X I W E C H S E L N J U X S A C H S E N K L E C
K S N I X E K E K S P R A X I S S C H L A K S I G T R I C K S K O K S U N T E R W E G S

ks	chs	x	cks	gs
links				

Tipp: Ganz gleich, wie der ks–Laut geschrieben wird, er hört sich immer gleich an. Deshalb musst du dir die Schreibweise merken.

2 Füge je ein Wort aus der 1. und der 2. Spalte zusammen. Achtung, manchmal musst du ein *s* einsetzen.

Geburtstag	Dose
Kuckuck	händig
Box	Baum
Dachs	Kuchen
Buchs	Tropfen
links	Uhr
Sonntag	Fest
Keks	Kampf
Volk	Bau
Wachs	Essen

Geburtstagskuchen

_____

_____

_____

_____

_____

_____

_____

_____

Gleiche und ähnliche Laute: ks 21

3 Setze den richtigen *ks*-Laut ein:

Zahl nach fünf — S

Sagengestalt im Wasser — N

Märchenfigur — H

Süßwasserfisch — L

Mädchenname — A

Fleck — K

Gegenteil von rechts — L

„auf Achse" — U

Zauberer kennen sie — T

Der schmeckt süß. — K

Bist du fit fürs Gymnasium?

4 Setze die *ks*-Wörter so in den Text ein, dass er einen Sinn ergibt.

etwa 15 min

Lexikon	nix	Dachse	aufwachsen	Eidechsen	unterwegs	Alexandra
nächste	Max	Max	Jux	Keks	Wachs	Keks	Fuchs	Fuchs
tags	Klecks	sechsten	flugs	verflixt	Lachs	mixen	Alexia
knacksen	links	Felix	Felix	fix	flugs	Klecks	hexen

„V_____", denkt M_____. „Schon wieder so eine Mathestunde."

„Ich kapiere n_____!", flüstert er seinem Nachbarn F_____ zu.

„Könnte ich nur h_____, dann hätte ich das f_____ verstanden."

Für die n_____ Unterrichtsstunde braucht er das L_____. Ihr

Lehrer, Herr F_____, will von den Kindern wissen, wie Ei_____

und D_____ a_____. T_____ darauf in der

s_____ Unterrichtsstunde erlaubt sich A_____ einen

J_____. Sie klebt einen K_____ mit W_____ am

Lehrerpult fest. Doch Herr F_____ isst ein Brot mit L_____

und würdigt den K_____ keines Blickes. Da – schon hat er einen

K_____ auf seinem Hemd. M_____ ist f_____

u_____ mit einem Papiertuch und entfernt f_____ den

K_____. In der Chemiestunde m_____ F_____ und

A_____ Flüssigkeiten zusammen. Es k_____ und dampft im

Reagenzglas und spritzt nach l_____ und rechts!

Groß- und Kleinschreibung

- Satzanfänge, Nomen und Eigennamen werden immer großgeschrieben:
  der Baum, ein Haus, Tom, Emmentaler Käse, das Rote Kreuz.

- Adjektive und Verben werden in der Regel kleingeschrieben: *groß, neu, suchen, vorgeben.*

- Verben oder Adjektive werden großgeschrieben, wenn sie als Nomen gebraucht werden. Es stehen dann meistens folgende Wörter davor: ein bestimmter oder unbestimmter Artikel, ein Pronomen, ein Verhältnis- oder ein Zahlwort.
  Wir sprechen dann von einer Substantivierung: *das Lesen, wir Glücklichen, im Fallen, etwas Schönes.*

- Ableitungen von geografischen Eigennamen mit der Endung *-er* schreiben wir groß:
  das Frankfurter Würstchen.

- Adjektive mit der Endung *-(i)sch,* die von Eigennamen abgeleitet sind, schreiben wir klein: *der spanische Stier.*

1 Setze die Adjektive vor die Nomen, und stelle die Reihenfolge um.

~~knifflig~~ langweilig lang lecker endlos klapprig fit
cool kompliziert aufregend

Beispiel: **das knifflige Rätsel – das Rätsel ist knifflig**

die _____	Rechenaufgabe	– _____
ein _____	Formel-1-Rennen	– _____
der _____	Krimi	– _____
die _____	Hausaufgabe	– _____
das _____	Schuljahr	– _____
ein _____	Essen	– _____
ein _____	Fahrrad	– _____
ein _____	Sportler	– _____
die _____	Lehrerin	– _____

2 Entscheide, ob du diese Eigennamen groß- oder kleinschreiben musst:

die **a**rabische Wüste   das _____iener Schnitzel

der _____weizer Käse   die _____ranzösische Sprache

die _____eutsche Rechtschreibung   der _____erliner Bär

das _____randenburger Tor   die _____frikanische Maske

Groß- und Kleinschreibung 23

Tipp: Überlege dir, ob du vor ein Verb oder Adjektiv einen Artikel setzen kannst. Dann ist es ein substantiviertes Verb oder Adjektiv und wird großgeschrieben: Victoria half ihr beim Rechnen. — Victoria half ihr bei dem Rechnen.

3 Verwandle die Verben (aufpassen, schwätzen, unterrichten, lesen, flüstern) und Adjektive (spannend, neu, lieb, wesentlich, gut) in Nomen, und füge sie in die Sätze ein. Manche Adjektive musst du steigern.

Die Lehrerin erwischte Jannik und Nick beim **Schwätzen**. Deshalb fanden sie beim _____ nicht die richtige Stelle im Buch. „Könntet ihr bitte mit eurem _____ aufhören und euch auf das _____ konzentrieren?", schimpfte Frau Müller. Ausgerechnet das _____ ihrer Lieblingslehrerin mussten sie stören! Dabei hatte Frau Müller eine Menge **Spannendes** für die Kinder zu bieten. Bei ihr erfuhren sie stets das _____. Die Scherze während des Lernens waren den Jungen das _____. Sie beschlossen, in Zukunft ihr _____ zu geben und sich auf das _____ zu konzentrieren.

Bist du fit fürs Gymnasium?

4 Wende die Regeln für die Groß- und Kleinschreibung an!

etwa 15 min

Die (g)__lücklichen haben hitzefrei. Das heißt, (n)__ick und (j)__annik haben nichts zum (s)__chreiben oder zum (r)__echnen auf. Den (b)__eiden macht das (d)__eutsche (w)__etter und die (s)__chwüle nicht das (g)__eringste aus. Sie verabreden, den (n)__achmittag mit (s)__chwimmen und (t)__oben zu verbringen. Im (s)__chwimmbad wollen sie die (l)__eckere (t)__hüringer (b)__ratwurst kaufen und zum (t)__rinken eine (a)__pfelsaftschorle. Für das (t)__rocknen ihrer (b)__adehosen genügen heute die (w)__ärme der (s)__onne und die (f)__rische des (w)__indes. Trotzdem nehmen sie zum (l)__iegen ein (h)__andtuch mit. Doch leider hat das (v)__ergnügen bald ein (e)__nde! Ihre (m)__utter legt (g)__roßen (w)__ert auf (p)__ünktliches (e)__rscheinen daheim, denn die (j)__ungs müssen noch (f)__ranzösische (w)__örter für den (t)__est am (m)__orgigen (t)__ag üben. Ihr (v)__ater hat für (g)__ute (n)__oten den (k)__auf von (f)__ahrrädern angekündigt.

Silbentrennung

- Wörter mit mehr als einer Silbe kann man trennen. Man trennt sie so, wie sie sich in Sprechsilben zerlegen lassen: *Ba-na-ne.*
- Zusammengesetzte Wörter werden getrennt, wie sie zusammengefügt sind: *Bahn-hof.*
- Ein einzelner Konsonant zwischen zwei Vokalen wird in die neue Zeile geschrieben: *ge-ben.* Bei zwei oder mehreren Konsonanten kommt nur der letzte in die neue Zeile: *Gangs-ter.*
- *ck, ch* und *sch* gelten als ein Laut und werden nicht getrennt: *bau-schen.*
- *pf, sp, st* und *tz* werden getrennt, wenn danach ein Vokal folgt: *damp-fen, Wes-pe, Fens-ter, Kat-ze.*

Tipps:
- Häufig kannst du die Trennung durch einfaches Silbenklatschen herausfinden: Re-gen-bo-gen.
- Ein einzelner Buchstabe ist keine Silbe: Ahorn, Idee.
- In jeder abgetrennten Silbe muss ein Vokal stehen, sonst ist es keine Silbe.

1 Finde heraus, wie du die Wörter trennen kannst. Achtung, manche bestehen nur aus einer Silbe!

Staubsauger: **Staub-sau-ger**

nähen: _____

Ahorn: _____

bunt: _____

Bäcker: _____

Schulranzen: _____

rosarot: _____

Lesezeichen: _____

raten: _____

Ratten: _____

Schlagzeug: _____

Erinnerung: _____

manche: _____

finster: _____

Elend: _____

Laterne: _____

schneller: _____

waschen: _____

Auge: _____

knapp: _____

schlecht: _____

Taschenuhr: _____

recken: _____

Schläger: _____

andere: _____

mischen: _____

Silbentrennung

2 Füge die Silben zu Wörtern zusammen:

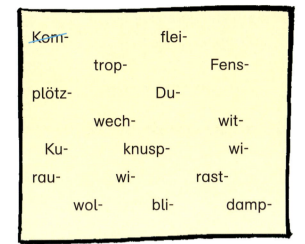 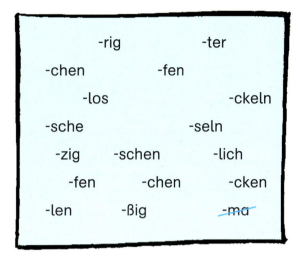

Kom-ma, _____

_____

_____

Bist du fit fürs Gymnasium?

3 Kennzeichne die Trennung der Wörter durch einen senkrechten Strich.

etwa 15 min

Hans Christian An|der|sen war ein Dichter und Märchenschreiber. Er war dänischer Staatsbürger und wurde 1805 in Odense geboren. Sein Vater war ein armer Schuhmacher. König Friedrich VI. ermöglichte ihm den Besuch einer Schule und schickte ihn zum Studium auf die Universität. Danach reiste Andersen durch Europa, die Türkei und Afrika. Diese Erlebnisse prägten seine Werke. Von ihm stammen die bekannten Märchen wie „Die Prinzessin auf der Erbse", „Des Kaisers neue Kleider", „Das hässliche Entlein", „Der standhafte Zinnsoldat" oder „Die kleine Seejungfrau". Andersens Märchen verbinden Witziges und Trauriges zugleich. Die Stadt Kopenhagen hat dem Dichter mit der Gestalt der Seejungfrau ein Denkmal gesetzt. Die Figur überschaut wachsam den Hafen. Dort sitzt sie auf einem Felsen, der ins Wasser gebaut wurde. Viele Touristen bestaunen sie täglich und wundern sich darüber, wie klein die Gestalt ist.
Weniger bekannt sind einige Romane und Reiseberichte, die der Märchenschreiber ebenfalls verfasst hat. Außerdem arbeitete er als Zeichner und Schauspieler. Gekonnt fertigte er auch Scherenschnitte an.
Andersen starb im Alter von 70 Jahren in Kopenhagen.

Zeichensetzung und wörtliche Rede

– Wir setzen einen Punkt nach Aussagesätzen, ein Ausrufezeichen nach einem Ausrufe- oder Aufforderungssatz, ein Fragezeichen nach Fragesätzen.

– Ein Komma trennt Aufzählungen, wenn sie nicht durch die Wörter *und* oder *oder* getrennt sind.

– Ein Komma trennt Haupt- und Nebensatz.

– Sind zwei Hauptsätze durch ein *und* oder *oder* verbunden, so kannst du ein Komma setzen, um dem Satz eine Gliederung zu geben und ihn lesbarer zu machen.

– Eine wörtliche Rede steht immer zwischen Anführungszeichen unten und oben.

– Der Begleitsatz kann an unterschiedlichen Stellen bei der wörtlichen Rede stehen. Beachte die Satzzeichen:
Mutter schimpfte: „Wenn wir einen Ausflug machen wollen, kannst du dich nicht hinter deinen Büchern vergraben!"

„Wenn wir einen Ausflug machen wollen, kannst du dich nicht hinter deinen Büchern vergraben!", schimpfte Mutter.

„Wenn wir einen Ausflug machen wollen", schimpfte Mutter, „kannst du dich nicht hinter deinen Büchern vergraben!"

1 Entscheide, welche Satzschlusszeichen du setzen musst.

Geht es dir manchmal auch so? Wie gerne würde ich abends noch lesen. Gerade schmökere ich in einem spannenden Krimi. Es gibt so viele tolle Bücher, die ich noch lesen möchte. Ach, könnte ich sie doch alle haben! Ob ich wohl einige zum Geburtstag geschenkt bekomme? Am liebsten würde ich mich mit ihnen auf eine einsame Insel verziehen. Wann sind denn die nächsten Ferien? Hoffentlich verreisen wir mit dem Auto. Dann habe ich während der Fahrt Zeit zum Lesen.

2 Setze die Kommas. Achtung, nicht immer musst du eines setzen!

Das Lesen ist wichtig für die Rechtschreibung___ das Aufsatzschreiben___ und das Textverständnis. Weil manche Bücher voller Fantasie sind___ tauche ich in eine Traumwelt ein. Wenn ich lese___ möchte ich nicht gestört werden___ und schließe mich in mein Zimmer ein.

Zeichensetzung und wörtliche Rede 27

3 Setze die richtigen Satzzeichen in den wörtlichen Reden.

____Muss ich denn unbedingt mitkommen____ maulte ich.

____Da ich heute einen freien Tag habe____ entgegnete Mama____möchte ich gerne gemeinsam etwas unternehmen____

Sauer meinte ich____Das wird bestimmt wieder stinklangweilig____

____Wir versprechen dir auch____ versicherte sie____dass Papa und ich in keine Läden gehen werden____

____Außer in die Buchhandlung____ beeilte ich mich zu sagen.

Bist du fit fürs Gymnasium?

4 Setze die Satzzeichen , . : „ " ? ! in den Text ein.

etwa 15 min

____Kennst du Cornelia Funke____ fragte mich Julian eines Tages____ Ich antwortete ihm____ ____Sie hat bereits einige Bücher geschrieben____ Dazu gehören unter anderem *Der Herr der Diebe*____ *Drachenreiter*____ *Tintenherz*____ *Tintenblut*____ und *Die wilden Hühner*____ Cornelia Funke hat ziemlich lange gebraucht____ bis sie wusste____ dass sie Bücher schreiben will____ Zuerst war sie Illustratorin____ und zeichnete Bilder zu Geschichten____ ____Wie schön wäre es doch____ seufzte sein Bruder Simon____ ihr einmal zu begegnen____ und sie zu bitten____ noch viele tolle Bücher zu schreiben____ Julian meinte____ ____Mich würde interessieren____ wann der dritte Teil zu *Tintenherz* erscheint____ und ob Staubfinger zurückkehrt____ Ich erklärte den beiden____ ____Das ist bestimmt noch ein Geheimnis____ das sie noch niemandem verraten wird____ ____Erst 2008 werden wir erfahren____ wie es mit Meggie weitergeht____ rief Simon dazwischen____ ____Das habe ich im Internet gelesen____ und dabei erfahren____ dass Staubfinger tatsächlich zurückkommt____

| 28 | **Test: Rechtschreibung** | **45 min** |

| Name: | Klasse: | Datum: |

1 Schreibe aus der Wörterschlange alle Wörter mit einem kurzen Vokal in dein Heft.

BOTEACKERDICHTERSEELERÄUBERBASTELNREIHESEMMELKATZEWIRR

6 P.

2 Setze richtig ein: *aa, ee, oo, ä, äu, eu, ai, ei.*

l____ten, S____l, L____ch, B____re, b____gen, l____den, B____t, Gr____ser

8 P.

3 Diese Wörter sind falsch gedehnt. Schreibe sie richtig in dein Heft.

Stiehfel, müevoll, Liferung, Musiek, fantastiesch, iehre, Krihse, flieen.

8 P.

4 Setze die Wörter in das Rätsel ein!

etwas durchzählen

Gegenteil von Flut

glotzen

Werkzeug auf dem Acker

Laubbaum

n							
	E						
g							
	E						
P							

5 P.

5 Setze diese Wörter in die Lücken ein. Manche Wörter musst du verändern.

Rassen   Rasen   weise   weiße   reißen   Reisen

Maße   Masse   nass   Nase

Fußball spielen wir auf _____. Es gibt viele Menschen_____.

Kluge Menschen sind _____. Eine Braut trägt meistens _____ Schuhe.

Auf _____ wird hoffentlich die volle Tasche nicht _____.

Im Fußballstadion sind Menschen_____. Km, kg, m, l sind _____.

Wenn wir Schnupfen haben, ist die _____ oft _____.

10 P.

6 Setze die richtigen Buchstaben ein: *F/f, V/v, Pf/pf.*

____laster, ____ater, ____etter, ____enster, bra____, ____igur, ____iktoria, ____itamine,

stum____, ____und, ____und, ____indelkind, negati____, ____erb

14 P.

Test: Rechtschreibung 29

---

7 Setze *b/p, d/t* oder *g/k* ein. Bilde eine Verlängerung, durch die man die schwierigen Laute hören kann.

blin __ – _____   ar __ – _____

kran __ – _____   kal __ – _____

star __ – _____   Ra __ – _____

Ra __ – _____   lie __ – _____

To __ – _____   Betru __ – _____

10 P.

---

8 Setze richtig ein: *ks, cks, chs, gs, x.*

Fa _____ en, La _____ , Tri _____ , mi _____ en, unterwe _____ , We _____ el, fi _____ ,

lin _____ , Kna _____ , flu _____ , Ke _____ , dre _____ eln, Kle _____ , Sche _____

14 P.

---

9 Entscheide über die Groß- und Kleinschreibung, und schreibe den Text richtig in dein Heft.

Zum (e)ssen braucht jeder (m)ensch ein (g)etränk. Am (b)esten schmeckt

(d)eutsches oder (i)talienisches (m)ineralwasser. Vielen schmeckt auch das

(s)chweizer (w)asser gut.

9 P.

---

10 Trenne die folgenden Wörter in deinem Heft:

Knospe, Ofen, Rhythmus, Matratze, herum, ducken, öfter, hinunter, Menschen, Kasten

10 P.

---

11 Ergänze die Satzzeichen:

Raimo will am Samstag Skateboard fahren oder ins Kino gehen und

Spaghetti kochen Seine Mutter meint Ist das nicht ein bisschen viel

Programm Du musst für den Englischtest lernen oder wenigstens die

Vokabeln durchschauen Ja nörgelt Raimo ist es notwendig dass

du mir das Wochenende vermiest

14 P.

In diesem Test habe ich [ ] Punkte von insgesamt 108 Punkten erreicht.

Das entspricht der Note [ ] . (Schau in den Lösungen auf Seite 10 nach.)

Nomen auf -heit, -keit, -ung, -schaft, -nis, -in (mit Pluralbildung)

- Durch die Endungen *-heit, -keit, -ung, -schaft, -nis* und *-in* können aus Verben und Adjektiven neue Nomen gebildet werden: *heiser – Heiserkeit, begegnen – Begegnung, dunkel – Dunkelheit, verhalten – Verhältnis, wissen – Wissenschaft.*
- Der Plural *-nisse* wird mit *ss* geschrieben: *Ereignis – Ereignisse.*
- Die Endung *-in* bildet die weibliche Form eines Nomens, der Plural *-innen* wird mit *nn* geschrieben: *Ärztin – Ärztinnen.*

1 Wie heißen die Nomen? Unterstreiche den Wortstamm.

-heit		-keit	
gesund	Gesundheit	heiter	
frei		ehrlich	
wahr		einig	
sicher		fröhlich	
krank		sauber	
klar		übel	
dumm		traurig	
schön		wirklich	

-ung		-schaft	
genesen		Mann	
planen		gefangen	
beziehen		Freund	
teilen		bekannt	
bluten		wissen	
wohnen		wandern	
retten		Feind	
rund		Meister	

Nomen auf -heit, -keit, -ung, -schaft, -nis, -in (mit Pluralbildung)   31

2 Bilde den Plural zu den Nomen, und finde ein passendes Verb oder Adjektiv.
Unterstreiche den Wortstamm.

-nis	Plural	Verb oder Adjektiv
Ereignis	Ereignisse	ereignen
Verhältnis		
Geheimnis		
Erlebnis		
Gefängnis		
Zeugnis		
Verhängnis		

3 Bilde die weibliche Form und den Plural davon. Achtung, es sind Fallen eingebaut!

	weibliche Form	Plural
Lehrer	Lehrerin	Lehrerinnen
Arzt		
Zollbeamter		
Krankenschwester		
Rektor		
Redakteur		
Mönch		
Tierpfleger		

Bist du fit fürs Gymnasium?

4 Hier stimmt etwas nicht!
Schreibe jedes Nomen mit dem richtigen Wortbaustein in dein Heft.

etwa 10 min

Verzeihheit   Heiserschaft   Fröhlichnis   Weltmeisterung

Geständkeit   Wagung   Traurigschaft   Dunkelnis

Begräbung   Vorführschaft   Wissenung   Bosnis

Geheimheit   Entdeckschaft   Landheit

Adjektive auf -ig, -lich, -bar, -isch, -haft, -los, -sam

Mit den nachgestellten Wortbausteinen *-ig, -lich, -bar, -isch, -haft, -los, -sam* können neue Wörter gebildet werden. Diese Wörter sind immer Adjektive und werden kleingeschrieben: *bewegen – beweglich, machen – machbar, regnen – regnerisch, schwatzen – schwatzhaft.*

1 Sortiere diese Wörter in die Tabelle ein, und finde eine passende Überschrift:

~~goldig~~   lebhaft   zumutbar   englisch   wundersam   sommerlich   mutig   erfolglos
schmerzhaft   weinerlich   langsam   diebisch   zahllos   essbar   fehlerlos
schreckhaft   sparsam   schmutzig   stürmisch   ärgerlich   dankbar   ängstlich
einsam   traumhaft   regnerisch   mittellos   neblig   brauchbar

-ig			
goldig			

> Tipp: Welche Nachsilbe passt, findest du am besten heraus, wenn du die Adjektive in einen Zusammenhang setzt: kleidsam — Die neue Jeans ist kleidsam.

2 Bilde zu jedem Wort ein Adjektiv, indem du die Wörter mit den passenden Nachsilben zusammensetzt:

Glück: _____   Art: _____

gemein: _____   Kritik: _____

Sprung: _____   Furcht: _____

kosten: _____   sondern: _____

Erfolg: _____   Tier: _____

rutschen: _____   folgen: _____

Schmerz: _____   Gefahr: _____

Adjektive auf -ig, -lich, -bar, -isch, -haft, -los, -sam   33

> Tipp: Die Adjektive bekommen in der 1. Vergleichsstufe zusätzlich die Endung –er, in der 2. Vergleichsstufe die Endung –sten. Der Wortbaustein –los erhält wegen des –s am Ende in der 2. Vergleichsstufe noch ein –e dazwischen: reibungslos — reibungsloser — am reibungslosesten.

3 Bilde die Steigerungsformen von je zwei Adjektiven aus jeder Spalte der Aufgabe 1 (zur Steigerung siehe auch Seiten 46 – 47). Achtung, nicht immer ist das möglich!

Beispiel: **goldig – goldiger – am goldigsten**

_____

_____

_____

_____

_____

_____

_____

_____

_____

_____

_____

_____

_____

Bist du fit fürs Gymnasium?

4 Wie heißen die veränderten Adjektive? Manchmal musst du auch die Vergleichsformen bilden. Die unterstrichenen Wörter helfen dir!

etwa 10 min

Ein <u>Kleid</u>, das jemandem gut steht, ist _____. Eine Geschichte, vor der einem <u>gruselt</u>, ist _____. Ein Ritter, der keine <u>Furcht</u> hat, ist _____, James Bond ist noch _____, Harry Potter ist am _____. Schmuck, der viel <u>kostet</u>, ist _____. Eine Stadt, die im <u>Westen</u> gebaut wurde, liegt _____. Ein Mensch, den du leicht <u>erschrecken</u> kannst, ist _____. Ein Wissenschaftler, der viel <u>erfindet</u>, ist _____. Ein Kind, das vor der Hausaufgabe keine <u>Lust</u> hat, ist _____, vor einer langen Hausaufgabe ist es _____, vor einer langen und schwierigen Hausaufgabe ist es am _____.

Verben auf -en, -eln, -ern und -ieren

- Verben stehen im Wörterbuch in der Grundform. Sie bestehen immer aus dem Wortstamm und einem nachgestellten Wortbaustein. Wenn du sie in Sätze einbaust, verändert sich oft ihre Personalform: *gießen – Er gießt die Blumen.* Diese Veränderung hängt von den Pronomen ab: *Ich gieße die Blumen.*

- Meistens verändert sich nur die Endung, manchmal auch in der 2. und 3. Person Singular der Wortstamm: *sehen – du siehst, sie sieht.*

- Bei Verben, die einen s-Laut (*s, ss,* oder *ß*), ein *z* oder einen *ks*-Laut in der Mitte haben, wird in der 2. Person Singular (du) nur ein *-t* angehängt: *boxen – du boxt.*

- Bei Verben mit den Bausteinen *-eln* oder *-ern* in der 1. Person Singular kann das *e* vor *l* oder *r* weggelassen werden: *wechseln – ich wechsle.*

1 Setze die folgenden Verben in die Personalformen, unterstreiche den Wortstamm, und markiere den nachgestellten Wortbaustein:

geben   nehmen   reden   ziehen   folgen   täuschen

ich	du	er, sie, es	wir	ihr	sie
gebe	gibst	gibt	geben	gebt	geben

2 Setze die folgenden Verben mit *s*- oder *x*-Lauten in die Personalformen, unterstreiche den Wortstamm, und markiere den nachgestellten Wortbaustein:

messen   lassen   schießen   rasen   wachsen   hexen   boxen   heizen

ich	du	er, sie, es	wir	ihr	sie
messe	misst	misst	messen	messt	messen

Verben auf -en, -eln, -ern und -ieren

Tipp: Stelle dir Listen mit den Personalformen der Verben zusammen. Merke dir die Endungen und die Veränderungen im Wortstamm.

3 Bilde aus den folgenden Nomen Verben mit den nachgestellten Wortbausteinen *-en*, *-eln, -ern* und *-ieren* in der Grundform. Unterstreiche den Wortstamm, und markiere den Wortbaustein:

der Wechsel – wechseln
die Sicherheit – _____
die Frisur – _____
der Schlaf – _____
der Wedel – _____
die Probe – _____
der Schwindel – _____

der Kegel – _____
die Wohnung – _____
der Spaziergang – _____
die Kontrolle – _____
die Wanderung – _____
der Topf – _____
der Koch – _____

Bist du fit fürs Gymnasium?

4 Fülle die Tabelle aus!

 etwa 15 min

Grundform	ich	du	er, sie, es	wir	ihr	sie
					genießt	
			radiert			
	schreibe					
		relaxt				
					drängelt	
				fahren		
kassieren						
						mixen
						hassen
	hetze					
			knackst			
					löchert	
frisieren						
		schreist				
	bechere					
				wackeln		

Vorangestellte Wortbausteine (Vorsilben)

- Mit vorangestellten Wortbausteinen können neue Wortarten entstehen:
  tragen – Vortrag, sitzen – Besitz.
- Vorangestellte Wortbausteine verändern auch die Bedeutung eines Wortes:
  Geduld – Ungeduld, Brauch – Missbrauch.
- Wörter mit dem vorangestellten Wortbaustein *End-/end-* sind alle mit dem Wort *Ende* verwandt: *endgültig, endlos.*

Tipp: Wenn du nicht sicher bist, welcher Wortbaustein vor ein Wort gehört, bilde einen Satz. Aus dem Zusammenhang kannst du leichter erkennen, ob der Wortbaustein einen Sinn ergibt.

1 Mit welchen Wortbausteinen kannst du die Verben und Adjektive zusammensetzen? Es gibt mehrere Möglichkeiten! Schreibe jeweils 3 Möglichkeiten auf.

ent-	miss-
un-	an-
aus-	nach-
be-	

-geben   -decken   -menschlich
-zweifeln   -handeln   -rutschen
-ruhigen   -suchen   -kleiden
-denkbar   -denken   -ahmen
-verstehen   -lachen   -nehmen
-ausstehlich   -ziffern   -achten
-ziehen   -sprechen   -schauen

ent-: _____

un-: _____

aus-: _____

be-: _____

miss-: _____

an-: _____

nach-: _____

Vorangestellte Wortbausteine (Vorsilben)

37

2 Schreibe aus dem Wörterbuch mindestens noch vier weitere Wörter mit den Wortbausteinen *ent-*, *miss-*, *un-*, *an-*, *aus-*, *be-* und *nach-* heraus.

ent-: _____

miss-: _____

un-: _____

an-: _____

aus-: _____

be-: _____

nach-: _____

3 Verändere mithilfe eines vorangestellten Wortbausteines die Bedeutung folgender Wörter:

sitzen: _____   gleiten: _____

brauchen: _____   machen: _____

nutzen: _____   Glück: _____

gültig: _____   laufen: _____

deuten: _____   legen: _____

4 Bilde mit dem vorangestellten Wortbaustein und den folgenden Wörtern jeweils ein Verb und ein Nomen:

Vor-/vor-	geben: _____
	gehen: _____
	tragen: _____

Ent-/ent-	nehmen: _____
	scheiden: _____
	ziehen: _____

Ab-/ab-	fahren: _____
	geben: _____
	sprechen: _____

Weg-/weg-	gehen: _____
	fahren: _____
	fallen: _____

Vorangestellte Wortbausteine (Vorsilben)

5 Entscheide dich für den richtigen Wortbaustein: *End-/end-* oder *Ent-/ent-*.
Schreibe die Wörter in die richtige Spalte. Achte auf die Groß- und Kleinschreibung!

_____ zwei _____ los _____ scheiden _____ en _____ ergebnis

_____ lassung _____ schuldigen _____ ziel _____ lich _____ gültig

_____ spannung _____ setzlich _____ zückend _____ lauf _____ laufen

_____ spiel

End-/end-	Ent-/ent-

Bist du fit fürs Gymnasium?

6 Wähle für die Sätze den richtigen Wortbaustein, und setze das Wort in der richtigen Form ein.

etwa 10 min

Ein Wissenschaftler, der eine Rede hält, hält einen _____ (-trag). Bevor wir

abends ins Bett gehen, müssen wir unsere Kleidung _____ (-ziehen).

Ein Tourist, der die Sprache nicht beherrscht, kann vieles _____

(-verstehen). Hausaufgaben, die viel zu viel Zeit in Anspruch nehmen, sind _____

(-los). Ein Schüler, der im Unterricht nicht aufpasst, muss oft _____

(-fragen). Der Bus muss an der Haltestelle _____ (-halten). Nachmittags

möchten Kinder auch einmal _____ (-spannen). Beim Skaterfahren

sollten alle _____ (-sichtig) sein. Urlauber wollen in den Ferien mit dem Auto

_____ (-fahren). Familien mit wenig Geld leben oft _____

(-scheiden). Schüler, die keine Hausaufgaben gemacht haben, müssen sie am Morgen

_____ (-schreiben).

Fremdwörter 39

- Wörter mit den Endungen *-ion, -iv, -al* und *-ine* kommen aus einer anderen Sprache. Wir nennen sie Fremdwörter. Du schreibst sie immer mit einfachem *-i* in der Endung: *Tradition, Vaseline, aktiv.*
- Fremdwörter mit den Endungen *-ion* und *-ine* sind immer Nomen: *Stadion, Maschine.*

Tipp: Die Bedeutung der Fremdwörter, die dir begegnen, kannst du häufig aus dem Zusammenhang erkennen. Unbekannte Wörter kannst du im Wörterbuch oder im Lexikon nachschlagen.

1 Sortiere die Fremdwörter ein, und finde in jeder Spalte mithilfe des Wörterbuchs noch je drei Wörter dazu:

Aktion   Lineal   Information   primitiv   banal   Maschine
Vitamine   Objektiv   Adjektiv   Nation   Journal   Apfelsine

-ion	-iv	-al	-ine

Bist du fit fürs Gymnasium?

2 Füge diese Wörter ein:

horizontal   Stativ   Cousine   Redaktion   Million

Mandarine   aktiv   international   Interview

etwa 8 min

Eine Abteilung bei der Zeitung oder in einem Verlag: _____.

So ist eine Person, die ständig in Bewegung ist: _____. In vielen

Ländern der Welt: _____. Reporter bitten Stars oft dazu:

_____. Die Tochter deiner Tante: deine _____.

999 999 + 1 = _____ (bitte ausschreiben!). Ein Gestell für

den Fotoapparat: _____. Die Linie des Himmels verläuft

_____. Eine Zitrusfrucht: _____.

3 Erkläre die Fremdwörter: Information, Adjektiv, banal, Lawine, cool.

etwa 8 min

Wortarten: Die vier Fälle des Nomens

- Das Nomen kann in vier Fällen stehen: 1. Wer-Fall, 2. Wessen-Fall, 3. Wem-Fall, 4. Wen-Fall. Das Nomen im 2., 3. und 4. Fall trägt als Satzglied auch die Bezeichnung Objekt.

- Auch der bestimmte oder unbestimmte Artikel verändert sich und steht in demselben Fall wie das Nomen.

- Die vier Fälle gibt es im Singular und im Plural.

- Um herauszufinden, in welchem Fall ein Nomen steht, stelle Fragen:
  1. Fall: Wer oder was?, 2. Fall: Wessen?, 3. Fall: Wem?, 4. Fall: Wen oder was?

Jürgen Klinsmann war der Fußball-Bundestrainer während der FIFA-WM 2006.
Wer oder was war Fußball-Bundestrainer? **Jürgen Klinsmann.**

Die Aufgabe Jürgen Klinsmanns war es, die Mannschaft zu trainieren.
Wessen Aufgabe war es, die Mannschaft zu trainieren? **Jürgen Klinsmanns.**

Die Fußball-Nationalmannschaft verdankt vieles Jürgen Klinsmann.
Wem verdankt die Fußball-Nationalmannschaft vieles? **Jürgen Klinsmann.**

Einige Fußballer werden Jürgen Klinsmann sicher vermissen.
Wen oder was werden einige Fußballer vermissen? **Jürgen Klinsmann.**

---

1 Stelle die Fragen nach dem blauen Nomen, beantworte sie, und stelle fest, in welchem Fall das Nomen steht.

> Tipp: Oft sagt dir schon die Form des Artikels, in welchem Fall das Nomen steht: der Mann — Wer-Fall, des Mannes — Wessen-Fall, dem Mann — Wem-Fall, den Mann — Wen-Fall. Das gilt nicht für den Plural!

Der Fußball spielt eine wichtige Rolle bei den Fans.

_____

_____

Nach dem Spiel nimmt der Schiedsrichter **den Fußball** mit.

_____

_____

Der Spieler gibt **dem Fußball** einen Stoß.

_____

_____

Das Material **des Fußballs** ist für die Qualität entscheidend.

_____

_____

Wortarten: Die vier Fälle des Nomens **41**

2 Setze die richtigen Artikel in die Sätze ein. Schreibe dann die Sätze im Singular auf.

Für ein wichtiges Fußballspiel müssen **die Zuschauer** frühzeitig Karten kaufen.
Für ein wichtiges Fußballspiel muss der Zuschauer frühzeitig Karten kaufen.

Die Spieler wollen _____ **Zuschauern** ein spannendes Spiel bieten.

_____

Die Fußballer fordern _____ **Zuschauer** zum Klatschen auf.

_____

Der Gesang _____ **Zuschauer** motiviert die Mannschaft.

_____

Die Spieler geben _____ **Reportern** geduldig ein Interview.

_____

Nach dem Spiel warten _____ **Reporter** auf die Spieler.

_____

Der Spieler geht völlig außer Atem auf _____ **Reporter** zu.

_____

Die Spieler antworten geduldig auf die Fragen _____ **Reporter**.

_____

Bist du fit fürs Gymnasium?

3 Finde heraus, welches Nomen in die Lücken passt. Schreibe dazu, in welchem Fall das Nomen steht.

etwa 10 min

der Trainer	des Trainers	dem Trainer	den Trainer
die Trainer	der Trainer	den Trainern	die Trainer

Vor der WM versammelten sich _____ (_____-Fall).

_____ (_____-Fall) der deutschen Mannschaft kannten alle

bereits. Die FIFA gab _____ (_____-Fall) zu Ehren ein Essen.

_____ (_____-Fall) der Brasilianer freute sich über ein hervorragen-

des Menü. Es schmeckte auch _____ (_____-Fall) aus England. Bald

hatte die Krawatte _____ (_____-Fall) einer Außenseiter-Mannschaft

einen Fleck. Das Abschiedsbild _____ (_____-Fall) zeigte nochmals

alle zusammen. Die Zeitungsleser lachten über _____ (_____-Fall)

und ihre lustigen Gesichter.

Wortarten: Pronomen

- Nomen können durch Pronomen ersetzt werden. Es gibt persönliche Pronomen *(ich, du, er, sie, es, wir, ihr, sie)* und besitzanzeigende Pronomen *(mein, dein, sein, ihr, unser, euer, ihr)*.
- Auch die Pronomen stehen wie die Nomen in einem der vier Fälle.
- Die Anredepronomen *Sie* und *Ihr* werden großgeschrieben. Die Anredepronomen *du* und *ihr* schreibt man klein. In Briefen können sie auch großgeschrieben werden.

1 Unterstreiche im Text die Personalpronomen und die besitzanzeigenden Pronomen.

Astrid Lindgren ist durch ihre Bücher zu einer der bekanntesten Kinderbuchautorinnen geworden. Sie wurde am 14. November 1907 geboren, ihr Bruder Gunnar bereits ein Jahr zuvor. Astrid verbrachte ihre Kindheit mit ihrem Bruder, ihren zwei Schwestern Stina und Ingegerd und ihren Eltern in Vimmerby in Schweden. Ihnen wurde eine glückliche Kindheit beschert.
Mit 18 Jahren brachte Astrid ihren Sohn Lars zur Welt, der bei Pflegeeltern aufwuchs. Erst als sie ihren Chef heiratete, konnte sie ihren Sohn zu sich nehmen. Karin, ihr zweites Kind, gab den Anstoß zu den Geschichten von Pippi Langstrumpf. „Pippi Langstrumpf" wurde zu einem Kinderbuch, das wir alle kennen. Hast du es auch schon gelesen? Mit ihrem ersten Buch begann Astrid Lindgrens erfolgreiche Karriere, und es folgten viele weitere Bücher, die uns am Herzen liegen.

Tipp: Pronomen kannst du einsetzen, um Wiederholungen zu vermeiden.

2 Ersetze die unterstrichenen Nomen durch Pronomen:

sie   ihre   ihr   ihnen   sie

Pippi Langstrumpf finden <u>die Kinder</u> lustig. Pippi Langstrumpf finden **sie** lustig.

<u>Pippi Langstrumpfs</u> Mutter lebt nicht mehr.
_____

Zusammen mit <u>Pippi</u> leben ein Affe und ein Pferd.
_____

Das Mädchen zeigt <u>den Menschen</u>, dass <u>das Mädchen</u> alleine leben kann.
_____

Wortarten: Pronomen 43

3 Setze die richtigen Pronomen ein. Die Anfangsbuchstaben helfen dir.

> uns uns unsere unserer er es es es ich mir dir dir mein
> meine meiner mich sie sie euch euch ihr wir

M_eine_ Freundin gibt m_ir_ das ausgeliehene Buch zurück. E_s_ ist schon lange im Besitz u_nserer_ Familie. M_ein_ Vater stellt den Band in das Regal zurück. E_r_ meint: „Endlich hat s_ie_ d_ir_ das Buch zurückgegeben. Wenn e_s_ verloren gegangen wäre, würde e_s_ u_ns_ allen fehlen." Ich erinnere m_ich_: „I_ch_ weiß, dass das Werk d_ir_ und Mama wichtig ist. E_uch_ erinnert es an schöne Stunden, als i_hr_ e_uch_ den Band gegenseitig aus den Händen gerissen habt." „Ja, das war u_nsere_ gemeinsame Sandkastenzeit. W_ir_ haben die Geschichte von der Maus Frederik sehr geliebt und s_ie_ u_ns_ von m_einer_ Schwester vorlesen lassen."

Bist du fit fürs Gymnasium?

4 Fülle die Lücken aus. Ersetze die Anredepronomen in den Klammern *(du, deinen, deinem, dir)* durch *Sie, Ihren, Ihrem* und *Ihnen*.

etwa 15 min

Gestern besuchte ich **meine** Lieblingsbuchhandlung. _____ Bruder hat bald Geburtstag, deshalb wollte ich für _____ ein Buch bestellen. Eine Buchhändlerin sprach _____ an und fragte nach _____ Wunsch. „Ich kann den neuesten Harry-Potter-Band in (deinem) **Ihrem** Regal nicht finden. Würde es (dir) _____ etwas ausmachen, _____ zu bestellen? (Du) _____ müssen aber nach der Bestellnummer schauen, ich kann sie (dir) _____ nicht geben. Könnten (du) _____ bitte in (deinem) _____ Computer nachsehen, wie viel _____ kostet? Geben (du) _____ _____ bitte (deinen) _____ Bleistift, damit _____ den Preis aufschreiben kann?" Danach war ich richtig stolz auf _____. Au weh, da kam _____ Bruder mit _____ Freunden. _____ wollten unbedingt wissen, was ich in der Buchhandlung wollte. „Das geht _____ nichts an! Vor _____ darf ich wohl noch ein Geheimnis haben." _____ Bruder sagte ich: „_____ werde ich in ein paar Tagen aufklären." Jetzt fiel _____ _____ Kinnlade herunter, denn _____ hatte es jetzt verstanden.

Wortarten: Zeitformen der Verben

– Texte können in verschiedenen Zeitformen stehen. An der Form des Verbs können wir erkennen, in welcher Zeit der Text steht.

– Die Zeitform des Verbs sagt uns auch, ob etwas andauert oder abgeschlossen ist.
Gegenwart: Die Autorin **schreibt** ein Buch.
Vergangenheit: Die Autorin **schrieb** ein Buch.

– Es gibt verschiedene Vergangenheitsformen:
1. Vergangenheit: Die Autorin **schrieb** ein Buch.
2. Vergangenheit: Die Autorin **hat** ein Buch **geschrieben**.
Vollendete Vergangenheit: Die Autorin **hatte** ein Buch **geschrieben**.

– Manche Zeitformen bestehen aus zwei Wörtern: die 2. Vergangenheitsform und die vollendete Vergangenheit werden mit den Hilfsverben *haben* oder *sein* gebildet. Mit dem Hilfsverb *werden* wird die Zeitform Zukunft gebildet: Die Autorin **wird** ein Buch **schreiben**.

1 Bestimme, in welcher Zeitform die unterstrichenen Verben stehen:

Das Manuskript <u>wird</u> bald <u>entstehen</u>. _____

Der Verlag <u>entschied</u>, ob das Buch gedruckt wird. _____

Der Hersteller <u>überlegt</u>, welche Schrift passt. _____

Die Illustratorin <u>hat</u> lustige Zeichnungen <u>gemalt</u>. _____

Bald <u>hatte</u> die Druckerei die Seiten <u>gedruckt</u>. _____

Hoffentlich <u>band</u> die Buchbinderei das Buch. _____

Die Buchhandlung <u>verkauft</u> das fertige Buch. _____

Auf das Buch <u>hatte</u> sich die Leserin <u>gefreut</u>. _____

2 Setze die Verben in die fehlenden Zeitformen. Beachte die richtigen Personalformen.

Gegenwart	1. Vergangenheit	2. Vergangenheit	Zukunft
	ich aß		
	er ging		
ihr bleibt			
			du wirst fahren
		wir haben gegossen	
sie hängt			
			es wird geschehen
		sie haben gefunden	
	ihr tauchtet		

Wortarten: Zeitformen der Verben — 45

- Die Gegenwart benutzen wir, wenn etwas jetzt geschieht. In der 1. Vergangenheit schreiben wir über Vergangenes.
- Die 2. Vergangenheit zeigt, dass Vergangenes bis in die Gegenwart reicht: *Ich habe gewusst* (Ich weiß es immer noch). Diese Zeit benutzen wir häufig, wenn wir jemandem etwas erzählen
- Die vollendete Vergangenheit sagt, dass die Vergangenheit abgeschlossen ist: *Ich hatte gewusst.*
- Die Zukunft beschreibt, was erst geschehen wird: *Ich werde wissen.*
- Die Zukunft kann auch mit der Gegenwartsform und einer Zeitangabe gebildet werden: *Ich verreise übermorgen.*
- Manche Verben behalten ihren Wortstamm in der Vergangenheitsform: *wir können – wir konnten.* Man nennt sie schwache Verben.
- Verben, die sich stark verändern, sind starke Verben: *du kommst – du kamst.*

3 Setze die richtigen Zeitformen der Verben ein:

hatte verfasst   haben werden   lesen   hat geschrieben   erschien   begann

Vor einigen Jahren _____ der erste Band zu Harry Potter.
Damit _____ Joanne K. Rowlings Karriere als Autorin.
Sie _____ immer schon gerne Geschichten _____.
Vor dem ersten Band _____ sie schon das Ende des letzten
Bandes _____. Viele Kinder auf der ganzen Welt
_____ gerade einen Harry-Potter-Band. Ob die sieben Bände
wohl auch so einen dauerhaften Erfolg _____ wie andere
Kinderbuchklassiker?

Bist du fit fürs Gymnasium?

4 Schreibe die folgenden Sätze in deinem Heft in den Zeiten auf, die in der Klammer stehen.

etwa 15 min

a) Harry Potter lebt bei seinen Pflegeeltern im Ligusterweg Nr. 4. (2. Vergangenheit)
b) Diese heißen Vernon und Petunia Dursley. (Vollendete Vergangenheit)
c) Die Dursleys hatten einen Sohn, der auf den Namen Dudley hörte. (Gegenwart)
d) Nach zehn Jahren hat Hagrid Harry nach Hogwarts geholt. (1. Vergangenheit)
e) Dort hatte er gleich im 1. Schuljahr Ron Weasley kennen gelernt. (2. Vergangenheit)
f) Der Schulleiter Albus Dumbledore begrüßte die Schüler. (Vollendete Vergangenheit)
g) Bald verlässt Harry Potter die Schule für Hexerei und Zauberei. (Zukunft)

Wortarten: Adjektive und ihre Steigerungsformen

- Adjektive beschreiben ein Nomen oder ein Pronomen und werden kleingeschrieben. Wir fragen nach ihnen mit „Wie ist etwas?".

- Mit Adjektiven können wir Dinge vergleichen. Wir nennen das Steigerung. Die Vergleichsstufen heißen: Grundstufe, 1. Vergleichsstufe, 2. Vergleichsstufe.
  Grundstufe: Der Kirchturm ist **hoch**.
  1. Vergleichsstufe: Der Aussichtsturm ist **höher**.
  2. Vergleichsstufe: Der Fernsehturm ist am **höchsten**.

- Wenn du Gleiches miteinander vergleichen willst, verwende die Grundstufe und benutze das Wort *wie:* Der Kirchturm in meinem Wohnort ist genauso hoch **wie** der im Nachbarort.

- Willst du Unterschiedliches miteinander vergleichen, benutze die 1. Vergleichsstufe und gebrauche das Wort *als:* Der Kirchturm in der Stadt ist höher **als** der in meinem Wohnort.

1 Setze *wie* oder *als* ein.

Ein Krimi ist spannender _____ ein Gedicht. Das Meer ist tiefer _____ ein See.

Ein Apfel kann genauso süß sein _____ eine Birne. Die Erde ist kleiner _____ die

Sonne. Eine Deutschstunde kann genauso spannend sein _____ eine Kindersendung.

Ein Krimi ist spannender _____ eine Deutschstunde.

Tipp: Einige Adjektive können nicht gesteigert werden, z.B. das Adjektiv „leer", weil etwas entweder leer ist oder nicht.

2 Ergänze die Lücken:

Der Papagei ist klug.	–	der **kluge** Papagei
Der Affe ist klüger.	–	der _____ Affe
Der Delfin ist am klügsten.	–	der _____ Delfin
Tante Helgas Kuchen ist köstlich.	–	der _____ Kuchen
Mamas Kuchen ist köstlicher.	–	der _____ Kuchen
Omas Kuchen ist am köstlichsten.	–	der _____ Kuchen

Wortarten: Adjektive und ihre Steigerungsformen   47

3

a) Bilde Sätze mit der 1. und 2. Vergleichsstufe.

b) Kreise die Adjektive ein, deren Wortstämme sich verändern.

c) Unterstreiche die Adjektive, die du nicht steigern kannst.

alt – Sohn, Vater, Großvater: **Der Vater ist älter. Der Großvater ist am ältesten.**

warm – Nordsee, Atlantik, Mittelmeer: _____

_____

schmeckt gut – Rosenkohl, Salat, Pizza: _____

_____

rund – Ball, Kugel, Kreis: _____

_____

kostet viel – VW, Mercedes, Ferrari: _____

_____

stumm – Fisch, Krabbe, Seestern: _____

_____

Bist du fit fürs Gymnasium?

4   Fülle die Tabelle aus: Welche Adjektive kannst du steigern?

etwa 10 min

Grundstufe	1. Vergleichsstufe	2. Vergleichsstufe
gesund		
richtig		
gern		
lebendig		
ängstlich		
tot		
eckig		
hübsch		
voll		
halb		
freundlich		
nah		

Sätze: Satzglieder (Subjekt, Prädikat, Objekt)

- Ein Satz besteht aus Satzgliedern, die aus einem oder mehreren Wörtern bestehen können: Der kleine Jasha und der große Joris / träumen / von den Ferien.
- Ein wichtiges Satzglied ist das **Prädikat**. Man findet es mit der Frage „Was tut …?" oder „Was geschieht?". Das Prädikat kann aus zwei Teilen bestehen, und mit den Hilfsverben *haben, sein* oder *werden* gebildet werden:
  Was tun der kleine Jasha und der große Joris? (Sie) träumen (von den Ferien).
  Um 15 Uhr werden die Kinder ankommen.
- Das **Subjekt** ist auch ein wichtiges Satzglied. Es besteht aus einem Nomen oder einem Pronomen und kann aus mehreren Wörtern bestehen. Es steht immer im ersten Fall. Man fragt nach ihm mit „Wer oder was?": Wer oder was träumt?
  Der kleine Jasha und der große Joris.
- Ein Satz muss mindestens aus einem Subjekt und einem Prädikat bestehen.
- In vielen Sätzen stehen zusätzlich Ergänzungen. Sie heißen **Objekte**.
  Von wem oder was träumen der kleine Jasha und der große Joris? Von den Ferien.

Tipp: Satzglieder kannst du erkennen, indem du einen Satz umstellst. Jede Wortgruppe, die du zusammenhängend umstellen kannst, ist ein Satzglied.

1 Stelle jeden Satz einmal um, und trenne die Satzglieder durch Striche ab.

Jashas Oma wohnt seit langer Zeit am Bodensee.

Seit langer Zeit / wohnt / Jashas Oma / am Bodensee. oder

Wohnt / Jashas Oma / seit langer Zeit / am Bodensee?

Dort tobt heute den ganzen Tag ein starker Sturm.

_____

Glücklicherweise besitzt Oma ein rotes Segelboot.

_____

Vielleicht verkauft sie es bald an ihren Nachbarn.

_____

Bestimmt kann sie damit warten!

_____

Die Jungen schreiben ihr eine dringende E-Mail.

_____

Sätze: Satzglieder (Subjekt, Prädikat, Objekt)

2 Erfrage in den Sätzen das Prädikat mit „Was tut jemand?" oder „Was geschieht?". Schreibe die Fragen und die Antworten in dein Heft, und unterstreiche in den Sätzen das Prädikat mit roter Farbe!

Hoffentlich erreicht die Nachricht Oma noch rechtzeitig!
Was tut die Nachricht? (Sie) erreicht (Oma hoffentlich noch rechtzeitig).

a) Jasha und Joris segeln doch so gerne!
b) Sie kennen sich auf dem Segelboot perfekt aus.
c) Jasha und Joris erweisen sich als die besten Skipper.

3 Frage in den Sätzen mit „Wer oder was?" nach dem Subjekt. Unterstreiche das Subjekt blau, das Prädikat rot und die Objekte grün.

Ein heftiger Wind verdirbt den Kindern die Ferienlaune.
Wer oder was verdirbt den Kindern die Ferienlaune? Ein heftiger Wind.

In diesem Fall freuen sich die Jungen auf Besuch von ihren Kusinen.
_____

Lena und Linda zelten ganz in der Nähe bei einem Bauern.
_____

Bestimmt überraschen sie Jasha und Joris mit ihrem Kommen.
_____

Gemeinsam erkunden sie die Insel Mainau.
_____

Bist du fit fürs Gymnasium?

4 Unterstreiche in den folgenden Sätzen die Prädikate rot, die Subjekte blau und die Objekte grün.

etwa 15 min

Die Kinder besuchen Disneyland

Dieses Jahr nehmen die Eltern ihre Kinder nach Paris mit. Dort begegnen sie Micky Maus und Donald Duck. Werden die zwei den Besuchern ein Autogramm geben? Damit können die Jungen bei ihren Freunden daheim angeben. Vieles erinnert die Kinder an die vielen Disney-Filme, die sie schon gesehen haben. Abenteuerliche Achterbahnfahrten warten auf Joris und Jasha. Hoffentlich sehen die Außerirdischen in dem Fantasybereich nicht gar zu gruselig aus! Mama ängstigt sich doch vor solchen Monstern! Trotzdem ist der Ausflug ein Riesenspaß.

Sätze: Satzergänzungen (Objekte)

– Ein Objekt kann im 2., 3. oder 4. Fall stehen.

– Nach dem Objekt im 2. Fall fragen wir mit „Wessen?"

– Nach dem Objekt im 3. Fall fragen wir mit „Wem?"

– Nach dem Objekt im 4. Fall fragen wir mit „Wen oder Was?"

Nino gibt <u>seinem Freund Ogün</u> <u>das Lexikon</u> <u>seiner Schwester</u>.
<u>Wessen</u> Lexikon gibt Nino seinem Freund Ogün? Das Lexikon <u>seiner Schwester</u>.
<u>Wem</u> gibt Nino das Lexikon seiner Schwester? <u>Seinem Freund Ogün</u>.
<u>Wen oder was</u> gibt Nino seinem Freund Ogün? <u>Das Lexikon</u>.

1 Stelle die Wem-Frage, und unterstreiche alle Objekte im 3. Fall blau.

Janosch gibt dem Ball einen Stoß.

_____

Das runde Leder fliegt dem Torwart um die Ohren.

_____

Freudig hört der Torschütze dem Jubel der Zuschauer zu.

_____

Das Tor hat der Mannschaft den Sieg gebracht.

_____

Die Spieler danken ihren Trainern für deren Taktik.

_____

> Tipp: Ein Objekt steht nie im 1. Fall (Wer oder was?),
> denn in diesem Fall steht das Subjekt.

2 Setze die fehlenden Objekte im 2. Fall ein, unterstreiche sie lila und stelle die Wessen-Frage.

der Trainer   der FIFA   des Schiedsrichters

Die Regeln _____ müssen bei einem Punktspiel befolgt werden.

_____

Auf den Pfiff _____ hören alle Feldspieler.

_____

Der Sieg der Mannschaft ist auch ein Verdienst _____ .

_____

Sätze: Satzergänzungen (Objekte) 51

3 Setze die Sätze richtig zusammen. Erfrage im Kopf das Objekt im 4. Fall, und unterstreiche es grün.

Nino und Ogün	ihren Trainer	fragen
Eintrittskarten	die Jungs	wünschen sich
sie	das Qualifikationsspiel	besuchen wollen
Freikarten	die beiden	bekommen
freuen sich riesig	Nino und Ogün	auf das Ereignis
ihren besten Freund	aufgeregt anrufen	sie
neidisch sein	Firat	auf die Glückspilze

_____

_____

_____

_____

_____

_____

_____

Bist du fit fürs Gymnasium?

4 Schreibe aus den Sätzen die Objekte in die Tabelle.

Firat bewundert Ogün und Nino schon lange. Er möchte mit ihnen zum Fußballtrainer gehen und sich anmelden. Vorher braucht er noch die Erlaubnis seiner Eltern. Sie sollen das Anmeldeformular des Vereins unterschreiben. Außerdem muss Firat dem Kassenwart den Mitgliedsbeitrag bezahlen. Ogün und Nino machen ihm Mut. Sie erzählen den Mitspielern von ihrem zukünftigen Mitglied.
Ob Firat wohl bald das Trikot der Mannschaft bekommt?

etwa 12 min

2. Fall	3. Fall	4. Fall

52 Sätze: Satzverbindungen

- Die Wörter *und, oder, denn, aber, wenn, dass, weil* können Sätze verbinden. Man nennt sie Bindewörter: *Annika spannt ihren Regenschirm auf, denn es fängt plötzlich an zu regnen.*
- Sind Sätze mit *und/oder* verbunden, kann ein Komma gesetzt werden.
- Vor den Wörtern *aber, wenn, dass, weil* und *als* steht ein Komma, wenn sie zwischen zwei Sätzen stehen.

1 Verbinde die passenden Sätze miteinander, und schreibe sie in dein Heft.

Tim hört mit dem Lesen auf,	wenn das so weitergeht.
Er macht eine dumme Bemerkung,	dass sich ihre Kinder vertragen.
Annika ist sauer	als Annika das Wohnzimmer betritt.
Der Junge versucht sie zu beruhigen,	denn seine Schwester hat sich gestylt.
Ihre Eltern verlassen genervt das Haus,	aber seine Schwester motzt ihn nur an.
Mutter und Vater wollen erreichen,	weil die Kinder dauernd streiten.
Sie müssen sich eine Taktik überlegen,	und schmollt in ihrem Zimmer.

2 Verknüpfe die beiden Sätze mithilfe eines Bindewortes.

Tim regt sich auf. Seine Schwester ist unordentlich.
_____

Der Junge ist neidisch. Annika muss für gute Noten kaum arbeiten.
_____

Das Mädchen liebt seinen Bruder. Trotzdem streiten sie häufig.
_____

Bist du fit fürs Gymnasium?

etwa 8 min

3 Finde das passende Bindewort, und setze das Komma an die richtigen Stellen.

Annika und Tim haben sich prima verstanden __ _____ sie noch kleiner waren. Tim hatte mit anderen Jungen oft Ärger bekommen __ _____ er seine kleine Schwester verteidigt hat. Annika hat sich darüber gefreut __ _____ war stolz auf ihren Bruder. Die Eltern waren beruhigt __ _____ jemand auf das Mädchen aufgepasst hat. Annika suchte manchmal Trost bei Tim __ _____ sie Kummer hatte. Er war ihr großes Vorbild __ _____ er hatte immer ein offenes Ohr für sie. Nicht immer nahm die Kleine seinen Rat an __ _____ er war ihr immer wichtig. War diese Zeit jetzt vorbei __ _____ finden die Geschwister wieder zueinander?

Sätze: Adverbiale Bestimmungen | 53

- Mit den Fragen „Wo?", „Woher?" und „Wohin?" findet man die Ortsangaben in einem Satz: Die Schülerin rennt **aus dem Schulgebäude**.
- Mit den Fragen „Wann?", „Seit wann?", „Wie oft?", „Wie lange?" findet man die Zeitangabe in einem Satz: Der Schüler lernt **seit zwei Stunden** für den Englischtest.
- Mit den Fragen „Wie?", „Auf welche Weise?" findet man die Angaben zur Art und Weise: Der Schüler bearbeitet **gewissenhaft** die Biologiefragen.

Johann Wolfgang von Goethe wurde am 28. August 1749 in Frankfurt am Main geboren und wuchs behütet auf. Ab 1765 studierte er in Leipzig Jura, interessierte sich aber brennend für Literatur. In Weimar lernte Goethe den Dichter Friedrich Schiller kennen, und bald wurde die Freundschaft zwischen ihnen sehr eng.

---

1 Lies den Text. Frage dann nach den Ortsangaben im Kopf, und unterstreiche sie lila.

2 Erfrage die Zeitangaben im Kopf, und unterstreiche sie orange.

3 Stelle die Frage nach den Angaben zur Art und Weise im Kopf, und unterstreiche sie gelb.

Bist du fit fürs Gymnasium?

4 Unterstreiche die Ortsangaben lila, die Zeitangaben orange und die Angaben zur Art und Weise gelb.

etwa 20 min

In dem Drama „Faust" von Goethe lesen wir die Geschichte des Dr. Heinrich Faust. Faust ist Wissenschaftler, der sehr ehrgeizig ist. Da er nicht herausfindet, was der Sinn des Lebens ist, ist er sehr unzufrieden. Verzweifelt beschließt er, sich in seinem Studierzimmer mit Gift umzubringen. In dem Moment, in dem er das Gift trinken will, ertönt von draußen ein Glockenklang: Es ist Ostern. Faust hört im Freien Spaziergänger und erinnert sich an früher. Weinend setzt er das Gift sofort ab. Faust ist durch die Erinnerung wieder glücklich und geht am nächsten Morgen mit seinem Assistenten Wagner draußen spazieren. Unterwegs entdeckt er einen Pudel, der ihm ständig nachläuft. Wieder daheim verwandelt sich der Hund plötzlich in Mephisto, den Teufel. Mephisto schließt mit Faust eine unheimliche Wette ab.

54	**Test: Grammatik**	**45 min**

Name:	Klasse:	Datum:

1 Verwandle die Verben oder Adjektive durch einen nachgestellten Wortbaustein zu je einem Nomen.

finster: _____   heizen: _____

eitel: _____   erziehen: _____

eignen: _____   einig: _____

ereignen: _____   begeben: _____

freundlich: _____   verlegen: _____

10 P.

2 Setze je ein Verb und einen vorangestellten Wortbaustein zusammen. Bilde auch Nomen!

Ab-/ab-   Ent-/ent-   Ver-/ver-   Vor-/vor-   miss-   un-   an-   aus-   be-   nach-

stehen: _____   messen: _____

zeichnen: _____   sorgen: _____

werfen: _____   handeln: _____

brauchen: _____   reden: _____

teilen: _____   denken: _____

10 P.

3 Erfrage die Fälle der unterstrichenen Satzglieder, beantworte sie, und bestimme die Fälle. Benutze dazu dein Heft.

An den Zeichnungen des Illustrators sollen die Kinder Spaß haben.

8 P.

4 Schreibe die Sätze in den angegebenen Personal- und Zeitformen auf.

Die Ferien verbringen wir auf einer einsamen Insel. (Zukunft, 2. Person Singular)

_____

Dort habe ich mir ein Ruderboot ausgeliehen. (1. Vergangenheit, 3. Person Plural)

_____

Einmal fanden wir nicht auf die Insel zurück. (2. Vergangenheit, 1. Person Singular)

_____

Es wird für dich die schönste Zeit des Jahres werden. (Gegenwart, 3. Person Singular)

_____

8 P.

Test: Grammatik 55

5 Unterstreiche die Prädikate.

Der Spaceshuttle kam von seinem Ausflug ins All zurück. Er holte zwei Astronauten von der Raumstation ISS ab. Zum ersten Mal flog eine Touristin mit. Sie stellte fest, wie anstrengend so ein Weltraumflug sein kann.

5 P.

6 Vergleiche die Nomen mithilfe des Adjektivs auf zwei verschiedene Arten. Schreibe in dein Heft.

Teich – See – Meer – tief   Beckenbauer – Beatles – Mozart – berühmt
Barbie – Schaufensterpuppe – Mädchen – attraktiv

Beispiel: **Der Teich ist tief – der tiefe Teich, der See ist tiefer – der tiefere See, ...**

14 P.

7 Nenne sechs Adjektive, die du nicht steigern kannst:

_____

6 P.

8 Verknüpfe jeweils die beiden Sätze. Benutze die Bindewörter *weil, aber, oder* je einmal. Schreibe in dein Heft.

Celine freut sich. In einer Woche beginnen die Ferien.

Sie möchte später mit Mika spielen. Davor muss sie ihre Hausaufgaben machen.

Soll Celine mit Deutsch anfangen? Soll sie zuerst die Matheaufgaben lösen?

3 P.

9 Unterstreiche die Ortsangaben lila, die Zeitangaben orange und die Angaben zur Art und Weise gelb.

Die Herbstzeitlose auf der Wiese blüht im Herbst und ist giftig. Ende September

beginnt die Frucht des Ahorns zu fallen und dreht sich wie ein Propeller im Wind.

Die Fallschirme des Löwenzahns fliegen im Sommer ruhig an einen anderen Ort.

9 P.

In diesem Test habe ich [ ] Punkte von insgesamt 73 Punkten erreicht.

Das entspricht der Note [ ]. (Schau in den Lösungen auf Seite 20 nach.)

Erzählungen: Grundsätzliches

Alle Erzählungen brauchen diese vier Bausteine:
1. **Überschrift** (die neugierig auf den Text macht)
2. **Einleitung** (die kurz erzählt, was wann wo passiert)
3. **Hauptteil** (in dem es spannend zugeht)
4. **Schlussteil mit Schlusssatz** (der die Erzählung zu einem guten oder schlechten oder auch offenen Ende bringt. Lässt du das Ende offen, behältst du die Spannung bei. Dies kannst du zum Beispiel machen, wenn du noch eine Fortsetzung planst.)

Willkommen in der Schreibwerkstatt!

1 Hier sind zwei verschiedene Erzählungen durcheinandergeraten.
Male alle Textteile, die zu einer Erzählung gehören, in der gleichen Farbe an.

Maja spielt auf dem Schulhof mit ihrem Ball. Sie übt das Dribbeln, damit ihr Team beim Basketball-Turnier in der nächsten Woche gute Chancen auf den Titel hat.	Als die Prinzessin den Hofarzt sah, wurden alsbald ihre Knie weich, und ebenso erging es dem Arzt. Schnell machte er den König gesund, verordnete der Prinzessin Ballverbot und nahm sie zur Frau. Und wenn sie nicht gestorben sind, dann leben sie noch heute.
Davon wollte die Prinzessin aber nichts hören. Sie trug lieber kurze Hosen und amerikanische Shirts statt purpurne Kleider, in denen man kaum atmen konnte. Da wurde der König böse und befahl: „Wer es vermag, meiner Tochter das Ballspiel abzugewöhnen, der soll sie zur Frau bekommen!" Das gefiel der Prinzessin gar nicht. Auch sie wurde wütend, nahm ihren Ball und warf ihn dem König an seinen königlichen Kopf. Schnell schickte man nach dem Hofarzt, dass er die Beule behandeln sollte.	Da kommt Till um die Ecke geschossen und schießt den Ball quer über den Hof zu Tobi. Der greift sich den Ball und rennt weg. Maja schreit: „He, gib mir den Ball wieder!", und rennt Tobi nach. Bald holt sie ihn ein, wirft sich von hinten auf Tobi, und beide fallen auf den Rasen. Jetzt beginnt ein wildes Gerangel. Till ist mittlerweile auch da und mischt ordentlich mit. Majas Freundin Lea beobachtet alles und will helfen. Sie versucht, die wilde Meute auseinanderzuhalten, die sich lauthals gegenseitig beschimpft.
Lea wartet, bis sich alle ein wenig beruhigt haben. Dann sagt sie: „Wieso zankt ihr euch? Warum spielen wir nicht alle zusammen? Dann habt ihr euren Spaß, und Maja kann üben." Till, Tobi und Maja sind einverstanden. Die vier spielen den ganzen Nachmittag. So gut war Maja noch nie auf ein Turnier vorbereitet!	Es war einmal vor langer Zeit eine Prinzessin. Die tat nichts lieber, als mit ihrem Basketball zu spielen. Tagaus, tagein dribbelte sie im Schlossgarten mit ihrem güldenen Gummiball, sodass der König schon ganz erschüttert war. Denn eigentlich sollte die Prinzessin tanzen üben, damit sie alsbald verheiratet werden konnte.
Das Märchen vom Basketball	Der Ball-Streit

Erzählungen: Grundsätzliches 57

2 Überlege, in welcher Reihenfolge die Textteile aus Aufgabe 1 stehen müssen, und schreibe sie in deinem Heft richtig auf. Achte dabei darauf, dass du zuerst die Überschrift, dann die Einleitung, danach den Hauptteil und erst dann den Schluss abschreibst!

Tipps für jede Erzählung:
- Gestalte deinen Hauptteil spannend, weiche aber nicht von der eigentlichen Geschichte ab. Achte darauf, deine Einleitung weiterzuerzählen, fange keine neue Geschichte an! Spannende Adjektive und Satzanfänge (plötzlich, da, auf einmal ...) unterstützen den Hauptteil.
- Schließe deine Erzählung mit einem Schlussteil und Schlusssatz ab!
- Wähle verschiedene Satzanfänge. Sätze, die immer gleich anfangen, klingen eintönig und langweilen deine Leser.

Beachte außerdem:
- Benutze möglichst viele verschiedene Verben und Adjektive. Arbeite mit „Wortfeldern" und „Wortfamilien". Diese kannst du im Wörterbuch nachschlagen. (Beispiele hierfür findest du auch auf Seite 60–61)
- Kontrolliere am Ende deine Rechtschreibung! Viele Rechtschreibfehler können zu einer schlechteren Note führen!

Bist du fit fürs Gymnasium?

3 Hier findest du einige Textausschnitte. Entscheide,

a) zu welcher **Textsorte** sie gehören, und schreibe diese dahinter: Märchen (M), Erlebniserzählung (EZ) oder Sachtext (ST).

b) zu welchem **Textbaustein** die Ausschnitte gehören: Überschrift (Ü), Einleitung (E), Hauptteil (H), Schluss (S). Schreibe auch diese Abkürzungen dahinter.

etwa 10 min

	Text-sorte	Text-baustein
Und wenn sie nicht gestorben sind, dann leben sie noch heute.	M	S
Der Teig muss nun etwa eine Stunde bei 180° C gebacken werden.		
Plötzlich sehe ich, wie der Stein auf den kleinen Jungen zufliegt.		
Noch immer denke ich zurück an diesen schönen Tag, von dem ich euch erzählt habe.		
Ein traumhafter Ausflug		
Noch immer denke ich zurück an diesen schönen Tag, von dem ich euch jetzt erzählen werde.		

Erzählungen: Steigerung und Höhepunkt

- Bei allen Erzählungen musst du darauf achten, dass in der Einleitung alle Informationen über die Hauptpersonen, den Ort und die Zeit stehen.
- Danach beginnt der Hauptteil: Jetzt führst du deine Erzählung zum Höhepunkt. Du musst eine Spannungskurve aufbauen. Die Steigerung führt zum Höhepunkt der Erzählung. Hier ist es besonders spannend.
- Sofort danach führst du deinen Leser ans Ende der Geschichte (Ausklang). Der Schlussteil bringt deine Erzählung zu einem offenen, guten oder schlechten Ende. Mit einem Schlusssatz schließt du die Erzählung ab.

Tipp: Präge dir den Textaufbau als „Erzählmaus" ein.

Einleitung Steigerung Höhepunkt Ausklang Schluss

1 Verbessere den schlecht erzählten Hauptteil.

a) Lies dir den Text gut durch.
b) Schreibe dann diese Wörter in den Lückentext, um ihn zu verbessern:

trotzdem   längst   ärgerlich   sie fasste all ihren Mut zusammen und

auf gar keinen Fall   rannte wie der Blitz   alle

Maries erster Schultag

Marie beeilte sich, damit sie nicht zu spät kam. Sie kam 10 Minuten zu spät in die Schule. Marie öffnete die Klassentür. Die anderen Kinder saßen alle an ihren Plätzen. Frau Schlau drehte sich zu Marie um.

Maries erster Schultag

Marie _____. Am ersten Schultag wollte sie _____

_____ zu spät kommen. _____

erreichte sie erst 10 Minuten nach dem Gong den Klassenraum. _____

_____ öffnete die Tür. _____

_____ anderen Kinder saßen _____

an ihren Plätzen. _____ drehte Frau Schlau sich zu

Marie um.

Erzählungen: Steigerung und Höhepunkt

- Um den Höhepunkt einer Erzählung besonders spannend zu schreiben, solltest du Satzanfänge benutzen, die Spannung erzeugen, wie zum Beispiel: *Plötzlich, Da, Auf einmal, Sofort, Endlich, In diesem Augenblick ...*
- Baue deine Sätze abwechslungsreich auf, und stelle die Satzglieder um. Achte dabei darauf, dass du den Sinn des Satzes nicht veränderst!

2 Stelle diese Sätze so um, dass der Sinn gleich bleibt. Beginne die Sätze mit spannenden Satzanfängen.

Beispiel: Die Frau (Subjekt)   rannte (Prädikat)   auf einmal   durch die Gassen. (Objekt)

Auf einmal   rannte (Prädikat)   die Frau (Subjekt)   durch die Gassen. (Objekt)

a) Der Mann stand plötzlich neben mir.
___

b) Ich drehte mich sofort um.
___

c) Das Monster riss in diesem Augenblick einen Baum aus der Erde.
___

d) Sie bekam da einen riesigen Schreck.
___

e) Wir liefen schnell in Richtung Höhle.
___

Bist du fit fürs Gymnasium?

3 Hier findest du verschiedene Satzanfänge. Streiche alle durch, die keine Spannung erzeugen und deshalb nicht im Höhepunkt einer Erzählung verwendet werden sollten.

etwa 5 min

Nach einigen Wochen ...   Plötzlich ...   Es war einmal ...   Endlich ...

Jetzt ...   Zum Schluss ...   Vor langer Zeit ...   Sofort ...

Auf einmal ...   Da ...   Einmal ...   Schnell ...

Kurz darauf ...   In diesem Augenblick ...   Einst lebte ...

Erzählungen: Wortfelder

Achte beim Schreiben von Texten darauf, viele verschiedene treffende Verben und Adjektive zu verwenden. Sie helfen dir, genau auszudrücken, wie jemand etwas macht. Es klingt besser, wenn du zum Beispiel schreibst: „Ich bummelte durch die Stadt." anstatt „Ich ging durch die Stadt."
Der Leser weiß dann sofort, dass du dir beim Gehen Zeit gelassen und dir dabei die Stadt angesehen hast.

1 Male an:
- Wörter, die zum Wortfeld *sprechen* gehören, blau.
- Wörter, die zum Wortfeld *lachen* gehören, rot.
- Wörter, die zum Wortfeld *weinen* gehören, grün.
- Wörter, die zum Wortfeld *sehen* gehören, gelb.

kichern	beobachten	grinsen	schluchzen
heulen	reden	gaffen	lächeln
fragen	schmunzeln	entdecken	schwatzen
flüstern	betrachten	auslachen	stottern

Tipp: Statt „sagen" kannst du auch benutzen: rufen, schreien, brüllen, erwidern, flüstern, meinen, raunen, schimpfen, bitten, antworten, murmeln, fragen, drucksen, meckern, erzählen, informieren, flehen, stottern, klagen …

2 Max hat Sätze geschrieben, ohne dabei treffende Wörter zu benutzen. Hilf ihm, sie zu verschönern, indem du die *schräg gedruckten* Wörter durch ein anderes, treffenderes Verb tauschst. Beachte, dass sich die Grundform ändert!

| plappern   flüstern   beichten   tratschen   berichten |

a) Meine Mutter *spricht sehr laut* mit mir. Meine Mutter **schimpft** mit mir.

b) Ich *sage* dem Polizisten, was ich gesehen habe.

   Ich _____ dem Polizisten, was ich gesehen habe.

c) Paul hat eine Scheibe eingeworfen. Das muss er seinem Vater noch *sagen*.

   Das muss er seinem Vater noch _____.

d) Lia *spricht leise*: „Ich verrate dir jetzt ein Geheimnis!"

   Lia _____

e) Frau Müller *spricht schlecht* über ihre Nachbarin.

   _____

f) Unser Baby *spricht* dauernd vor sich hin.

   _____

Erzählungen: Wortfelder 61

3 Hier siehst du eine Möglichkeit, wie man Wortfelder anlegen kann: In der Mitte steht ein „Oberbegriff" und um ihn herum stehen alle Wörter, die stattdessen benutzt werden können.

Wortfeld „gehen"

Welcher Oberbegriff (Adjektiv!) passt zu diesen Wortfeldern? Schreibe ihn auf die Zeile dahinter.

leise   laut   schnell   langsam

a) rasch, rasend, flott, flink, blitzschnell: _____

b) gemächlich, schleppend, schleichend, träge: _____

c) ohrenbetäubend, krachend, schrill, brüllend, grölend, kreischend: _____

d) flüsternd, wispernd, nahezu lautlos, kaum hörbar, gedämpft: _____

Tipp: Wörter, die eine gleiche oder ähnliche Bedeutung haben, nennt man „Synonyme". Dieses Wort mit den zwei y kommt übrigens aus dem Griechischen!

Bist du fit fürs Gymnasium?

4 a) In jeder Reihe stehen drei Wörter, die zu einem Wortfeld gehören. Ein Wort passt nicht. Streiche es durch.
b) Schreibe den Oberbegriff der drei Wörter in den Kasten „Wortfeld".

etwa 10 min

				gehören zum Wortfeld:
kräftig	muskulös	schwach	gewaltig	
bibbern	flanieren	zittern	frösteln	
erröten	bangen	fürchten	gruseln	
amüsieren	belustigen	frohlocken	bereichern	
aneignen	studieren	pauken	trompeten	
finden	entdecken	meinen	reden	

Erzählungen: Einsatz wörtlicher Rede

- Gedanken und Äußerungen von Personen (also gesprochene oder gedachte Sätze), die in Erzählungen vorkommen, solltest du in Form von **wörtlicher Rede** in deinen Text einfügen. Dies gestaltet deinen Text lebendig und macht das Lesen spannender. Achte dabei auf **Anführungszeichen** und **Begleitsätze**.
- Erzählungen werden in der Regel in der 1. Vergangenheit erzählt. In der wörtlichen Rede muss das nicht sein! Hier kommt es darauf an, auf was sich das Gesagte bezieht.

1 a) Entscheide in diesen Beispielen, ob die gewählte Zeitform in der wörtlichen Rede sinnvoll ist oder nicht!

	Zeitform ist sinnvoll	Zeitform ist nicht sinnvoll
„Hilfe!", schrie der Elefant. „Ich <u>hatte</u> Angst vor Mäusen!"	☐	☒
Wir hatten einen bösen Streit. Immer wieder sagte ich, dass er im Unrecht war. „Jetzt <u>hatte</u> ich aber die Nase voll!", schimpfte mein Freund.	☐	☐
Ich machte eine Faust in der Tasche und dachte: „<u>Ging</u> doch, wohin du <u>wolltest</u>!"	☐	☐
„Würdest du bitte den Tisch <u>abräumen</u>?", bat mich mein Vater.	☐	☐
„Mensch, ist das kalt hier! Ich <u>zitterte</u> ja am ganzen Körper!"	☐	☐
„Wenn du nicht so viel Schokolade essen <u>würdest</u>, <u>wärst</u> du auch nicht so dick", stellte mein Arzt fest.	☐	☐

b) Schreibe die Sätze, in denen die Zeitform nicht sinnvoll gewählt wurde, richtig in dein Heft.

Beispiel: „Hilfe!", schrie der Elefant. „Ich habe Angst vor Mäusen!"

Erzählungen: Einsatz wörtlicher Rede

2 Mache diese Sätze spannender, indem du die Begleitsätze der wörtlichen Rede in die Mitte oder an das Ende verschiebst. Schreibe die Sätze in dein Heft.

Beispiel: Mama sagte: „Ich gehe jetzt einkaufen. Soll ich dir etwas mitbringen?"

wird zu:

„Ich gehe jetzt einkaufen. Soll ich dir etwas mitbringen?", sagte Mama.

„Ich gehe jetzt einkaufen", sagte Mama. „Soll ich dir etwas mitbringen?"

> Tipp: Wenn du wörtliche Rede benutzt, achte darauf, dass du diese nicht immer mit „sagte" beginnst.

a) Lea flüsterte: „Versteck dich! Sonst finden sie uns noch!"

b) Der Magier begann: „Ringel Rangel Zwiebelfeld, Tobi hat jetzt ganz viel Geld!"

c) Frau Motzki schimpfte: „Spielt gefälligst woanders! Sonst hole ich die Polizei!"

d) Emma fragt: „Kann man für etwas bestraft werden, das man nicht gemacht hat? Ich habe meine Hausaufgaben nämlich nicht gemacht."

e) Papa stellt fest: „Du bist sehr schlau! Das hast du bestimmt von Mama."

> Tipp: Auch was Menschen, Tiere oder sonstige Wesen denken, sehen, hören, fühlen, schmecken oder riechen ist für deine Leser interessant! Solche Sinneseindrücke kannst du mithilfe der wörtlichen Rede gut vermitteln.

Bist du fit fürs Gymnasium?

3 Finde alle Möglichkeiten, die Begleitsätze umzustellen. Schreibe sie in dein Heft.

a) Daniel flehte jammernd: „Hör doch endlich auf! Ich halte das nicht länger aus!"

b) Laura antwortete genervt: „Stell dich nicht so an! Wir sind gleich da."

c) Tim ermahnte die drei: „Reißt euch zusammen! Da hinten ist ein Licht."

d) Anna fragte: „Wie weit ist es noch? Ich kann nicht mehr."

etwa 10 min

Erzählungen: Märchen

1 a) Lies dir diese Einleitung gut durch.

Es war einmal vor langer Zeit ein Frosch, der lebte in einem tiefen Brunnen, viele Jahre lang. Er saß dort auf einem glitschigen Stein, der so winzig war, dass das Fröschlein gerade darauf Platz fand. Hier saß er nun, wie er es gewohnt war, und grübelte, ob das Schicksal ihm wohl auch glücklichere Tage verheißen möge. Betrübt ob seines Schicksals, hoffte er darauf, dass ihm das Licht der Sonne ein wenig Wärme auf seine kühle Haut zaubern möge. Und fröhlich um sein Mäulchen sollten ihm die Fliegen tanzen! Also saß er da, tagein, tagaus, und träumte.
Da platschte plötzlich etwas neben ihm ins Wasser. Behende sprang er vom Stein und tauchte ...

b) Um welche Textsorte handelt es sich?

☐ Interview   ☐ Sachtext   ☐ Märchen   ☐ Bauanleitung   ☐ Krimi

2 Kreuze die passende Überschrift an:

☐ Wie Frösche leben – über Lebensbedingungen von Fröschen in Brunnen

☐ Interview mit einem Froschkönig   ☐ Sherlock Frosch   ☐ Der verzauberte Frosch

☐ Gestaltung von umweltgerechten Lebensräumen – wie man einen Brunnen anlegt

So kannst du ein Märchen schreiben:

– Die Überschrift klingt märchenhaft; es kommen Wörter vor wie *Prinz, Zauber, ...* oder „alte" Wörter, die heute niemand mehr benutzt, wie z. B. *Taler, Rapunzel ...*

– Märchen beginnen mit den Formulierungen: *Es war einmal ... , Einst lebte ... , Vor langer Zeit ...* Eine genaue Zeitangabe fehlt jedoch.

– In der Einleitung wird ein Problem beschrieben: Rotkäppchen muss durch den dunklen Wald; die Stiefmutter will das Kind loswerden.

– Im Hauptteil geht es spannend zu. Das Problem wird durch einen Zauber oder eine unmögliche Handlung gelöst: Der Prinz küsst ein totes Mädchen lebendig; Tränen sind Medizin gegen Blindheit.

– Märchen gehen immer gut aus. Die Guten werden belohnt, die Bösen bestraft.

– Der Schlusssatz wirkt beruhigend auf den Leser, z. B. *... und lebten glücklich bis an ihr Lebensende.*

– Märchen werden in der 1. Vergangenheit geschrieben.

– Die Sprache ist märchenhaft, altmodisch („formelhafte Sprache"; z. B. *behende* statt *flink, zornig* statt *wütend, gülden* statt *golden*).

– Wörtliche Rede macht die Erzählung lebendig.

– Die Satzanfänge sind unterschiedlich.

– Möglichst viele verschiedene Verben und Adjektive werden benutzt.

Erzählungen: Märchen

3 Entscheide, welche der folgenden Sätze im Hauptteil des Märchens gesprochen werden könnten. Beachte dazu die Regeln!

☐ „So gib mir doch mein güldenes Kügelchen wieder. Ich will auch versprechen, dich zum Manne zu nehmen!"

☐ „Na und?", schimpfte der gerechte König. „Da hast du wohl ziemliches Pech gehabt, ne?"

☐ „Du holde Maid, versprich mir, dass ich auch in deinem Bettchen schlafen und von deinem Tellerchen essen darf!"

☐ „Goldene Kugeln fallen unter die Luxus-Steuer. Her mit der Kohle!", forderte der Steuerberater von der Prinzessin.

☐ „Ach, wie ist es hier so schön und so warm. Nie mehr will ich zurück in mein Brünnlein!", freute sich das Fröschlein.

Tipp: Du musst alles in der Vergangenheit schreiben! Und schreibe nicht immer „Und dann ..."!

4 Überlege, welche der folgenden Sätze im Schlussteil vorkommen könnten.

☐ Die böse Froschhexe aber vertrocknete elendig in ihrem Tümpel.

☐ Aber im Jahr 1703 war alles wieder gut.

☐ Da jammerte die böse Prinzessin ob des ihr zuteilgewordenen Unglücks.

☐ Es gab einen ordentlichen Prozess. Der Staatsanwalt lieferte jedoch nur Indizien und keine Beweise, sodass der Frosch freigesprochen wurde.

☐ Und seitdem bereitete die Prinzessin dem guten Frosch Tag für Tag sein Lieblingsmahl.

☐ Der gute Frosch aber musste zur Strafe für seine edle Tat für immer in seinem öden Brunnen weiterleben.

☐ Da feierten sie ein großes Fest.

☐ Da jammerte das arme Fröschlein: „Ach, wäre ich doch in meinem Brunnen geblieben!"

5 Wähle einen passenden Schlusssatz für das Märchen aus.

☐ Und deshalb soll man keine Kugeln in Brunnen werfen.

☐ Und wenn sie nicht gestorben sind, dann leben sie noch heute.

☐ Schalten Sie auch nächste Woche wieder ein, wenn Sie die Prinzessin sagen hören wollen: „Wenn du weiter Fliegen isst, werfe ich dich wieder in den Brunnen!"

Erzählungen: Märchen

Bist du fit fürs Gymnasium?

6 Wähle eine passende Fortsetzung zu der Märchen-Einleitung bei Aufgabe 1.

Warum hast du dich für diese Fortsetzung entschieden?
Schreibe deine Begründung ins Heft!

etwa 20 min

☐ Der Frosch tauchte total tief und erst mal konnte er fast nichts sehen: Das Wasser war ziemlich dreckig. Aber da leuchtete irgendetwas unten, wie eine Taschenlampe. Dummerweise gehörte der Frosch zu denen, die besonders neugierig waren und deshalb gab er alles, damit er ganz runter kam. Und dann war er ganz nah dran an dem goldenen Ball. Der war echt voll cool. **A**

☐ Tiefer und tiefer taucht der Frosch und zunächst sieht er nicht viel: Das Wasser ist trübe geworden über die Jahre. Schlammig ist's am Rand und am Grund des Brunnens. Doch sieht er in der Tiefe ein helles Leuchten, das ist so hell, dass das Fröschlein allzu neugierig ist. Gülden strahlt es in der schlammigen Tiefe. Und als er das Licht fast erreicht, erblickt er eine Kugel, so schön und rund und gülden, dass er sie zu greifen wünscht. **B**

☐ Tiefer und tiefer tauchte ich und zunächst sah ich nicht viel: Das Wasser war trübe geworden über die Jahre. Schlammig war's am Rand und am Grund des Brunnens, wenngleich ich bislang nie den Grund erreicht hatte, zu tief lag dieser. Doch sah ich in der Tiefe ein helles Leuchten, das war so hell, dass ich allzu neugierig war. Gülden strahlte es in der schlammigen Tiefe. Und als ich das Licht fast erreicht hatte, erblickte ich eine Kugel, so schön und rund und gülden, wie es mir bisher noch nie zuvor in meinem traurigen Leben vergönnt war, selbiges zu greifen. **C**

☐ Tiefer und tiefer tauchte der Frosch und zunächst sah er nicht viel: Das Wasser war trübe geworden über die Jahre. Schlammig war's am Rand und am Grund des Brunnens, wenngleich er bislang nie den Grund erreicht hatte, zu tief lag dieser. Doch sah er in der Tiefe ein helles Leuchten, das war so hell, dass das Fröschlein allzu neugierig war. Gülden strahlte es in der schlammigen Tiefe. Und als er das Licht fast erreicht hatte, erblickte er eine Kugel, so schön und rund und gülden, wie es ihm bisher noch nie zuvor in seinem traurigen Leben vergönnt war, selbiges zu greifen. **D**

☐ Und dann tauchte der Frosch tiefer und tiefer und zunächst sah er nicht viel: Das Wasser war trübe geworden über die Jahre. Und dann war's schlammig am Rand und am Grund des Brunnens. Und dann sah er in der Tiefe ein helles Leuchten, das war so hell, dass das Fröschlein allzu neugierig war. Und dann strahlte es gülden in der schlammigen Tiefe. Und dann, als er das Licht fast erreicht hatte, erblickte er eine Kugel, so schön und rund und gülden, wie es ihm bisher noch nie zuvor in seinem traurigen Leben vergönnt war, selbiges zu greifen. **E**

Erzählungen: Bildergeschichte

Darauf musst du bei Bildergeschichten achten:
– Sieh dir die Bilder genau an. Schreibe Stichworte auf, die dir zu den Bildern einfallen.
– Wähle eine Überschrift, die neugierig auf deine Geschichte macht.
– Gib den Personen, die in der Geschichte vorkommen, Namen.
– Lass die Personen sprechen (wörtliche Rede!). Schreibe auf, was sie denken, fühlen, sehen, hören.
– Verwende auch Fragen und Ausrufesätze.
– Denke dir einen passenden Schlusssatz aus.
– Halte die Erzählzeit ein: entweder Gegenwart oder Vergangenheit.

1 Sieh dir die Bilder genau an. Schreibe zunächst die Zahlen von 1 bis 4 in der richtigen Reihenfolge neben die Bilder.

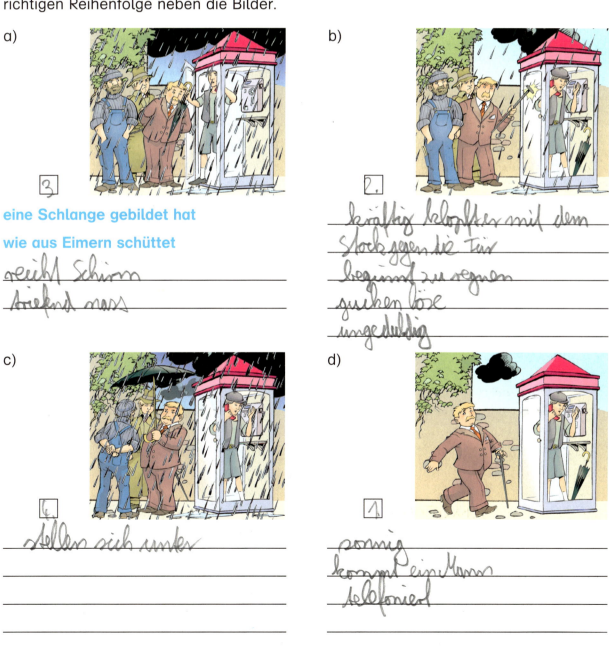

a) [3]
eine Schlange gebildet hat
wie aus Eimern schüttet
reicht Schirm
triefend nass

b) [2]
kräftig klopft er mit dem
Stock gegen die Tür
beginnt zu regnen
gucken böse
ungeduldig

c) [4]
stellen sich unter

d) [1]
sonnig
kommt ein Mann
telefoniert

Erzählungen: Bildergeschichte

2 Hier findest du Stichworte zu den Bildern. Schreibe die jeweils passenden unter die Bilder. Streiche durch, was du abgeschrieben hast.

~~eine Schlange gebildet hat~~   ~~stellen sich unter~~   ~~telefoniert~~

~~kommt ein Mann~~   ungeduldig

~~gucken böse~~   ~~kräftig klopft er mit dem Stock gegen die Tür~~

~~reicht Schirm~~   ~~triefend nass~~   ~~sonnig~~

~~beginnt zu regnen~~   ~~wie aus Eimern schüttet~~

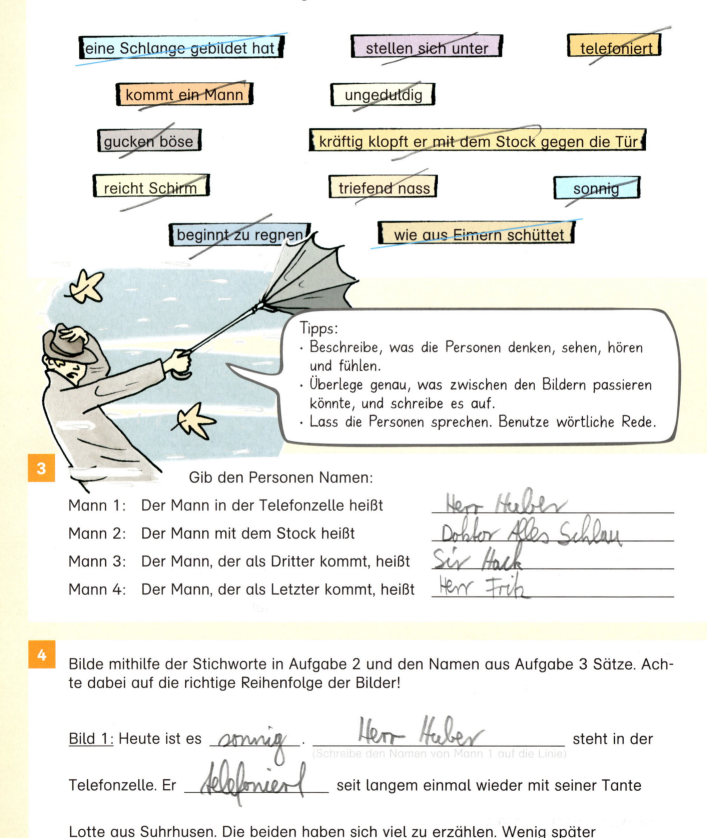

Tipps:
- Beschreibe, was die Personen denken, sehen, hören und fühlen.
- Überlege genau, was zwischen den Bildern passieren könnte, und schreibe es auf.
- Lass die Personen sprechen. Benutze wörtliche Rede.

3 Gib den Personen Namen:

Mann 1: Der Mann in der Telefonzelle heißt _Herr Huber_

Mann 2: Der Mann mit dem Stock heißt _Doktor Alles Schlau_

Mann 3: Der Mann, der als Dritter kommt, heißt _Sir Hack_

Mann 4: Der Mann, der als Letzter kommt, heißt _Herr Fritz_

4 Bilde mithilfe der Stichworte in Aufgabe 2 und den Namen aus Aufgabe 3 Sätze. Achte dabei auf die richtige Reihenfolge der Bilder!

<u>Bild 1:</u> Heute ist es _sonnig_. _Herr Huber_ steht in der
(Schreibe den Namen von Mann 1 auf die Linie)

Telefonzelle. Er _telefoniert_ seit langem einmal wieder mit seiner Tante

Lotte aus Suhrhusen. Die beiden haben sich viel zu erzählen. Wenig später

kommt ein Mann des Weges. Es ist _Doktor Alles Schlau_
(Mann 2)

Er möchte gerne seine Mutter anrufen.

Erzählungen: Bildergeschichte

Bild 2: Mittlerweile _beginnt_ es _zu regnen_. _Sir Hack_ (Mann 3) ist

gekommen und hat sich hinter _Doktor Alles Schlau_ (Mann 2) gestellt, wie es sich gehört.

Ach ja, und dann ist da noch _Herr Frith_ (Mann 4), der dringend mit seiner

Frau sprechen muss. So langsam wird die Schlange _ungeduldig_. Die Männer

gucken böse. Da platzt _Doktor alles Schlau_ (Mann 2) der Kragen! _Kräftig_

klopft er mit dem Stock gegen die Tür. Die

Scheibe droht zu brechen. _Herr Huber_ (Mann 1) dreht sich langsam zu den

wartenden Herren um.

Bild 3: Über alle Maße erstaunt stellt er fest, dass sich hinter ihm _eine Schlange_

gebildet hat. Und die ist mittlerweile nicht nur schlecht gelaunt, sondern

auch _triefend nass_. Das liegt daran, dass es _wie aus Eimern_

schüttet. Freundlich öffnet _Herr Huber_ (Mann 1) die Tür und _reicht_

den erstaunten Männern seinen _Schirm_.

Bild 4: Nun stehen sie da, _Doktor Alles Schlau, Sir Hack_ (Mann 2, Mann 3) und

auch _Herr Frith_ (Mann 4), triefend nass und sehr verdutzt. Sie öffnen den

Schirm und _stellen sich unter_. Und wenn sie nicht gestorben sind,

dann stehen sie noch immer dort. Denn _Herr Huber_ (Mann 1) ist noch lange

nicht fertig!

Bist du fit fürs Gymnasium?

5 Die Bildergeschichte aus Aufgabe 4 ist recht gut gelungen. Fast alle Schreibtipps wurden befolgt.

Sieh noch einmal in den Regelkasten auf Seite 67, und schreibe in dein Heft, welche Tipps noch fehlen!

etwa 15 min

Erzählungen: Nacherzählung

- Eine Nacherzählung dient dazu, einen Text in eigenen Worten aufzuschreiben. Dazu musst du den Text, den du nacherzählen willst, gut gelesen und verstanden haben.

- Wie bei allen Texten musst du dich an den Aufbau halten: Überschrift, Einleitung (wer? wo? wann? was?), Hauptteil (achte auf eine sinnvolle Reihenfolge des Inhalts), Schluss (sinnvoll und verständlich).

- Versuche, die Nacherzählung mit eigenen Worten wiederzugeben. Du musst dabei aufpassen, dass du nichts dazuerfindest oder Wichtiges weglässt!

- Wie bei allen Texten sind wechselnde Satzanfänge, treffende Verben und Adjektive wichtig.

- Erzähle durchgängig aus der gleichen Perspektive: Schreibe in der Er-Form oder in der Ich-Form!

- Eine Nacherzählung wird in der 1. Vergangenheit geschrieben.

1 In dieser Nacherzählung sind die Sätze durcheinandergeraten. Nummeriere die Textausschnitte von 1 bis 13. Schreibe die Nacherzählung dann in der richtigen Reihenfolge in dein Heft.

☐ Die Bürger waren damit einverstanden. Also zog der Mann seine Flöte heraus und begann, eine wohlklingende Melodie darauf zu spielen.

☐ Ein kleiner Junge war am Ostertore umgekehrt. Er fror und wollte sein Jäcklein holen, und das war seine Rettung.

☐ Der Rattenfänger ging nun in die Stadt zurück, um seinen verdienten Lohn abzuholen. Schließlich war nun die Plage bekämpft. Aber das versprochene Geld wollten die Bürger dem Manne nicht zahlen. Enttäuscht zog der Rattenfänger von dannen.

☐ Kurz darauf krabbelten aus sämtlichen Kellern und Löchern Ratten und Mäuse und sammelten sich um den Mann herum.

☐ Man schrieb das Jahr 1284, als man in Hameln von einer schrecklichen Rattenplage heimgesucht wurde. Da trug es sich zu, dass ein seltsam aussehender Herr in die Stadt kam.

☐ Manche behaupteten, der Rattenfänger habe die Kinder in eine Höhle gebracht, aus der sie flüchten konnten. Schließlich waren es aber an die 130 Kinder, die man seit damals nie wieder gesehen hat.

1 Der Rattenfänger von Hameln

☐ Als er sich sicher war, dass nun alle Plagegeister bei ihm waren, zog er, immer noch flötend, aus der Stadt hinaus, bis er an einen Fluss gelangte. Am Ufer blieb er stehen. Die Ratten und Mäuse aber liefen weiter, fielen in den Fluss und ertranken.

Erzählungen: Nacherzählung 71

☐ Bald darauf kehrte er zurück. Während alle Erwachsenen in der Kirche saßen, begann der Rattenfänger erneut auf seiner Flöte zu spielen.

☐ Und auch sie folgten der wunderlichen Musik, ebenso wie die Ratten und Mäuse. Der Mann aber geleitete sie diesmal nicht zum Fluss, sondern durch das Ostertore hinaus, hinter einen Berg. Und dort verschwanden allesamt.

☐ Angeblich kehrten zwei weitere Kinder zurück. Davon war eines blind und konnte den Ort nicht zeigen, das andere war stumm und konnte nichts erzählen.

☐ Er trug sehr bunte Kleidung. Das war nicht üblich in jener Zeit. Er behauptete, Rattenfänger zu sein und dass er die Stadt von ihrer Plage befreien könnte, wenn diese ihm einen recht hohen Lohn bezahlen würde.

☐ Doch kamen statt Ratten alle Kinder gelaufen, um den Tönen zu lauschen.

Tipp: Die Geschichte vom Rattenfänger ist eine Sage. Sagen erzählen aus der Vergangenheit und knüpfen an wirkliche Geschehnisse an. Oft steht eine Person im Mittelpunkt, die Ereignisse finden an einem bestimmten Ort statt und auch die Zeit, wann das alles passiert sein soll, wird meistens angegeben.

2 Entscheide, welche der folgenden Sätze in einer Nacherzählung vorkommen könnten. Kreuze sie an. Beachte dabei die Regeln von Seite 70.

a) ☐ Am 26. Juni kehrte er jedoch zurück.

b) ☐ Diese führte er zum Ostertore hinaus, wo ich mit ihnen verschwand.

c) ☐ Zwei Kinder kehrten zurück, eines blind, das andere stumm.

d) ☐ Das Wetter am 26. Juni 1284 war sonnig, leicht bewölkt. Aber es war warm.

e) ☐ Aus die Maus. Mickey Maus.

f) ☐ Ein Knäblein kehrt um. Ihm ist kalt. Er möchte seine Jacke holen.

Bist du fit fürs Gymnasium?

3 Begründe deine Entscheidung aus Aufgabe 2 und schreibe sie in dein Heft. Warum können einige Sätze so nicht in einer Nacherzählung stehen? Beginne so:

Satz ___ kann so nicht in einer Nacherzählung stehen, weil …

etwa 15 min

Sachtexte: Bauanleitung

Bauanleitungen gehören zur Textsorte **Vorgangsbeschreibung**. Die Schreibregeln (unten auf Seite 73), die hierfür gelten, musst du auch bei Versuchsbeschreibungen, Rezepten oder Spielanleitungen beachten. Für all diese Texte solltest du folgende Vorbereitungen treffen:

– Notiere genau (zunächst in Stichworten), welche Arbeiten zu tun sind, um zu dem richtigen Ergebnis zu kommen. Achte dabei unbedingt auf die richtige Reihenfolge!

– Schreibe dir dann auf, welche Materialien du benötigst. Kontrolliere genau, ob du nichts vergessen hast!

1 Schau dir das Bild oben genau an, und kontrolliere mithilfe dieser Einkaufsliste, ob alle nötigen Materialien im Einkaufswagen liegen.

- ☐ 1 Papprolle
- ☐ etwa 100 Nägel mit flachem Köpfchen, die etwa 1 cm kürzer sind als der Durchmesser der Papprolle
- ☐ 1 Hammer
- ☐ 2 Stücke Plastikfolie (von einer Plastiktüte)
- ☐ 1 Beutel Reis, 200 g Erbsen, Linsen oder Bohnen
- ☐ Klebeband
- ☐ Kleister
- ☐ Wasser
- ☐ Zeitungspapier
- ☐ Küchenrolle
- ☐ Pinsel
- ☐ Abtön- oder Plakatfarbe

Sachtexte: Bauanleitung 73

2 Hier siehst du die Bauanleitung in Bildern. Sortiere die Bilder in der richtigen Reihenfolge, indem du in die Kästchen Zahlen von 1 bis 8 schreibst.

So baust du einen Regenmacher:

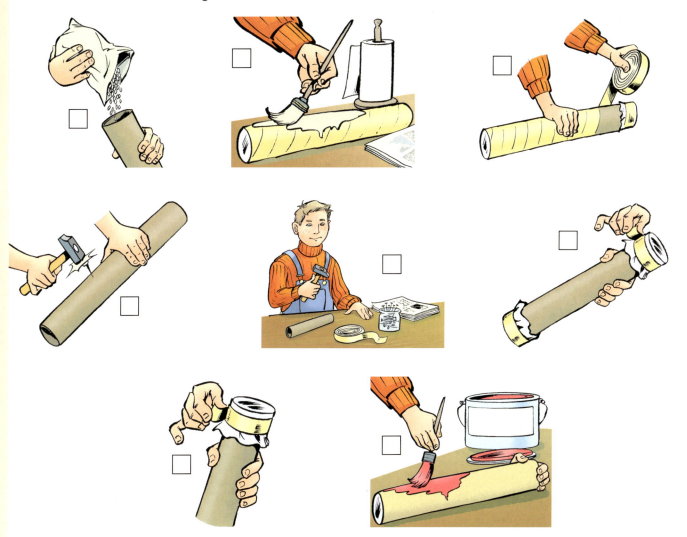

Bedenke, dass jeder Leser deiner Anleitung zu einem guten Ergebnis kommen möchte. Das kannst du erreichen, wenn du dich an diese **Schreibregeln für Bauanleitungen** (Vorgangsbeschreibungen) hältst!

– Zuerst musst du eine Liste schreiben, auf der alles steht, was du brauchst.

– Danach beschreibst du Schritt für Schritt, was getan werden muss. Du kannst die einzelnen Schritte nummerieren, dann ist es ein wenig einfacher.

– Deine Satzanfänge können die Reihenfolge unterstützen, z. B. *Zuerst, Danach, Als Nächstes, Jetzt ...*

– Zeichnungen, auf denen man erkennen kann, was man tun muss, helfen dem Leser, deine Anleitung zu verstehen.

– Vorgangsbeschreibungen musst du in der Gegenwart schreiben.

– Entscheide dich, in welcher Form du schreiben willst. Du kannst in der Ich-Form, der Du-Form oder der Man-Form schreiben. Mischen darfst du die Anredeformen aber auf keinen Fall!

Sachtexte: Bauanleitung

3 Bestimmte Wörter verdeutlichen gut die Reihenfolge der Arbeitsschritte. Setze diese Wörter in der Bauanleitung ein. Jedes Wort darf nur einmal vorkommen! Streiche deshalb die Wörter durch, die du benutzt hast.

> danach   zuerst   nun   zum Schluss   dann
> anschließend   im Anschluss daran   schließlich

1. _____ hämmerst du die Nägel spiralförmig rundherum in die Papprolle. Oben und unten musst du etwa 2 cm Platz lassen.

2. Eine Öffnung der Papprolle verschließt du _____ mit Plastikfolie. Klebe die Folie mit Klebeband rundherum fest, das Loch muss gut verschlossen sein!

3. Fülle _____ den Reis, die Erbsen, Linsen oder Bohnen in die Rolle. Du kannst auch verschiedene Sorten mischen.

4. _____ verschließt du die letzte Öffnung der Rolle mit Folie, so wie du es an der anderen Seite gemacht hast.

5. Damit die Nägel nicht wieder herausfallen, umklebst du _____ die ganze Rolle mit Klebeband.

6. Bestreiche die Rolle _____ mit Kleister, und klebe etwa 2 Schichten Altpapier (Zeitungspapier) auf. Als letzte Schicht nimmst du weißes Papier von der Küchenrolle. _____ lässt du die Rolle gut trocknen (etwa einen Tag).

7. Wenn dein Pappmaché getrocknet ist, kannst du _____ deine Rolle mit Abtön- oder Plakatfarbe bemalen.

Bist du fit fürs Gymnasium?

4 In jedem dieser Textausschnitte versteckt sich ein Fehler! Schreibe den gemachten Fehler hinter die Sätze in das Kästchen:

etwa 5 min

Ist die Reihenfolge der Handlungsschritte falsch, schreibe **R** ins Kästchen. Wurde die Zeitform nicht beachtet, schreibe **Z**. Ist die Anredeform nicht richtig, schreibe **F**.

Beispiel: **Nachdem du die Rolle mit Pappmaché eingekleistert hast, hämmerst du die Nägel ein.** [R]

1. Bevor du die Rolle mit Pappmaché einkleisterst, musst du sie einen Tag trocknen lassen. ☐

2. Man füllt die Rolle mit Erbsen. Du kannst aber auch Reis oder Bohnen nehmen. ☐

3. Wenn man die Rolle schön angemalt hat, muss man die Nägel einhämmern. ☐

4. Zuerst hämmerte ich die Nägel spiralförmig in die Papprolle. ☐

5. Fülle den Reis in die Rolle und klebe danach die beiden Öffnungen zu. ☐

Sachtexte: Informativer Text (Lebenslauf) 75

Wenn du einen Lebenslauf schreiben möchtest, musst du zunächst alle wichtigen Daten und Ereignisse dieser Person kennen. Kläre dazu vorher diese „W-Fragen":

– Wie heißt die Person?
– Wo, wann und von wem wurde sie geboren?
– Wo hat die Person gelebt (oder: Wo lebt die Person jetzt)?
– Wann und was hat sie gemacht oder erfunden?
– Was machte die Person bekannt oder berühmt?
– Wann und wo ist die Person gestorben?

Einen Lebenslauf schreibt man in der 1. Vergangenheit. Nur Dinge, die jetzt im Moment geschehen, darfst du in der Gegenwart schreiben (z.B. *Für das Jahr 2035 plant Madonna jetzt schon ein großes Comeback*).

1 Im Musikunterricht der Klasse 4a arbeiten die Kinder zum Thema „Klassische Musik". Hannah leiht sich in der Bibliothek Bücher zum Komponisten Vivaldi aus und schreibt die wichtigsten Informationen in Stichworten auf:

- ☐ *4. März 1678
- ☐ geb. in Venedig
- ☐ Papa: Giovanni Battista; Geiger, Violinunterricht; Mama: Camilla
- ☐ 1. Job: 1688 – 1689 Aushilfsgeiger / herzogliches Orchester
- ☐ Papa: „Werde Priester, um Geld zu verdienen!"
- ☐ 1703 Priesterweihe „il preto rosso" → rote Haare
- ☐ ½ Jahr später: Violinlehrer im Waisenhaus → arme + reiche Mädchen, gründliche Schulbildung, eines der besten Orchester Europas
- ☐ 1718 Mantua
- ☐ 1721 mehrmals in Rom
- ☐ Jan. 1723 Aufführung der ersten Oper in Venedig
- ☐ 1726 wieder Venedig: Teatro S. Angelo; Sängerin: Anna Cirò, 16
- ☐ 1730 „Die vier Jahreszeiten"
- ☐ † 28.7.1741 in Wien
- ☐ Armenbegräbnis

Auf der nächsten Seite findest du den Lebenslauf, den Hannah geschrieben hat.

Sachtexte: Informativer Text (Lebenslauf)

Diesen Lebenslauf hat Hannah dann geschrieben.
Fülle die Lücken mithilfe von Hannahs Notizen.

Antonio Vivaldi

Antonio Vivaldi wurde am _____ 1678 geboren. Sein Vater, Giovanni Battista

Vivaldi, war _____, seine Mutter hieß Camilla.

Den ersten _____ erhielt Antonio von seinem Vater.

Mit 10 und 11 Jahren verdiente er sein erstes Geld als Aushilfsgeiger im herzoglichen

_____ .

Der Vater beschloss, dass sein Sohn _____ werden solle, damit Antonio ein

gesichertes Einkommen habe.

1703 wurde Vivaldi Priester, er war nun _____ Jahre alt. Man nannte ihn „il preto

rosso", den roten Priester, weil er _____ Haare hatte. Nach 6 Monaten ging er als

Violinlehrer in ein _____, in dem arme und reiche Mädchen eine

gründliche Schul- und Musikausbildung erhielten. Die Mädchen dort bildeten eines

der besten Orchester Europas.

Im Januar _____ wurde erstmals eine Oper von ihm in Venedig aufgeführt.

1730 erschien Vivaldis berühmtestes Werk: „_____".

Im Alter von 53 Jahren, am 28. Juli 1741, starb Vivaldi in _____, wo er auch

begraben wurde.

2 Überprüfe, ob Hannahs Informationen im Text oben richtig sind.
Hake dazu alle verwendeten Notizen auf dem Notizzettel auf Seite 75 ab!

3 Welche Informationen hat Hannah ausgelassen?

_____

_____

_____

_____

Sachtexte: Informativer Text (Lebenslauf) 77

4 a) Bewerte Hannahs Lebenslauf mithilfe dieser Checkliste, und kreuze an:

Schreibtipps für den Lebenslauf	beachtet	nicht beachtet
Vor- und Nachname wurden erwähnt.		
Man erfährt: – wann die Person geboren worden ist		
– wo die Person geboren worden ist		
– etwas über die Eltern der Person		
– wo die Person gelebt hat		
– was die Person gearbeitet hat		
– wann und wo die Person gestorben ist		
Das berühmteste Werk ist benannt.		
Es wurden mehr als 5 unterschiedliche Satzanfänge benutzt.		
Es wurden bis zu 15 Adjektive benutzt.		
* Es wurden zwischen 16 und 20 Adjektive benutzt.		
Der Text wurde in der 1. Vergangenheit geschrieben.		
Der Text enthält keine Rechtschreibfehler.		
* Der Text ist ansprechend gestaltet: passende Bilder wurden dazu gemalt oder geklebt.		

b) Wenn Hannah die *-Tipps und alle zusätzlichen Schreibtipps beachtet hat, bekommt sie dafür die Note 1. Hat sie nur die *-Tipps nicht beachtet, bekommt sie eine 2. Wenn sie zusätzlich zwei bis drei Schreibtipps nicht beachtet hat, bekommt sie eine 3. Vier bis fünf nicht beachtete Schreibtipps sind eine 4.

Hannah bekommt für ihren Text die Note: _____

Bist du fit fürs Gymnasium?

5 Kreuze hier die Überarbeitungstipps an, die du Hannah geben würdest, damit sie eine 1 (sehr gut) bekommen kann:

etwa 10 min

Überarbeite deinen Text! Beachte dabei diese Hilfen:

- ☐ Benutze möglichst viele unterschiedliche Satzanfänge.
- ☐ Schreibe auf, wo Vivaldi geboren worden ist und wo er gelebt hat.
- ☐ Ergänze: Welchen Beruf hatte Vivaldis Vater?
- ☐ Du musst noch das berühmteste Werk benennen!
- ☐ Ergänze, wo und wann Vivaldi gestorben ist.
- ☐ Rechne noch einmal genau nach. Ist Vivaldi wirklich 53 Jahre alt geworden?
- ☐ Gestalte deinen Text mit passenden Bildern.

Sachtexte: Bericht (Wetterbericht)

Ein **Bericht** soll **sachlich** und **genau** über etwas **informieren**. Gefühle oder Meinungen haben hier nichts zu suchen!

– Wenn du über etwas berichten willst, was bereits geschehen ist, musst du die 1. Vergangenheit benutzen. Ist davor noch etwas passiert, verwende die vollendete Vergangenheit.

– Ein Wetterbericht informiert darüber, was wahrscheinlich **geschehen wird**.

– In Wetterkarten findet man **Symbole**, die für bestimmte Wetterverhältnisse stehen. Sie helfen, den Text besser zu verstehen.

1 Übersicht über Wettersymbole:

Wie es am Himmel aussieht:

sonnig — leicht bewölkt — stark bewölkt — Gewitter

Niederschlag:

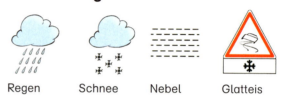

Regen — Schnee — Nebel — Glatteis

Zu welchen Symbolen passen diese Wettervorhersagen?

a) Zunächst ist es freundlich mit Sonnenschein. Dann gibt es etwas Regen, der auf dem Boden zu Glatteis gefrieren kann.

b) Der Himmel ist wolkig. Es kommt zu gewittrigen Schauern.

c) Das Wetter ist wechselhaft mit kräftigen Schneeschauern und nur kurzzeitigem Sonnenschein.

d) Es ist stark bewölkt mit Schneeschauern, die auch gewittrig sein können.

e) Der Himmel ist wolkig, und wiederholt gibt es Regenschauer. Auch kurze Gewitter sind möglich. Vorübergehend ist es sonnig.

f) Der Morgen beginnt mit Sonnenschein. Nur stellenweise bildet sich Nebel, der sich im Verlauf des Vormittages auflöst. Nachmittags bilden sich Wolken, die gegen Abend die Sonne verdrängen.

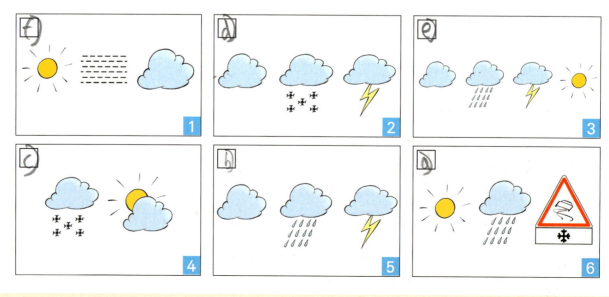

Sachtexte: Bericht (Wetterbericht)

Das gehört in einen Wetterbericht:
- Wähle eine Überschrift, in der das Wort Wettervorhersage, der Ort und das Datum genannt wird.
- Schreibe alle Informationen zum Wetter (Sonne oder Wolken, Nebel, Niederschlag, Gewitter, Wind, Temperatur) an diesem Tag in der richtigen Reihenfolge (morgens bis nachts) auf.
- Gib auch an, wie das Wetter voraussichtlich werden wird.
- Schreibe sachlich und in der Gegenwart.
- Denke an wechselnde Satzanfänge.

2 Übersetze in diesem Text die Zeichen.

Wettervorhersage

Der Tag beginnt freundlich, mit viel ☀ _Sonne_. Im Tagesverlauf ist es zunächst 🌤 _leicht bewölkt_. Gegen Abend besteht ⛈ _Gewitter_-gefahr. Nachts kann es gelegentlich zu ☁❄ _Schnee_ schauern kommen, die zu ⚠ _Glatteis_ und somit starken Verkehrsbehinderungen führen können. Die nächste Woche beginnt mit weiteren ⛈ _Gewitter_. ☀ _Sonne_ ist erst gegen Mitte der nächsten Woche zu erwarten.

Bist du fit fürs Gymnasium?

3 Kontrolliere den Text aus Aufgabe 2 mit den Schreibregeln im oberen Kasten.
a) Welche Informationen müssen ergänzt werden, damit der Wetterbericht alle wichtigen Informationen enthält? Kreuze an.

etwa 10 min

☐ Gestern stimmte unsere Vorhersage nicht, aber heute machen wir es besser.
☐ Der Wind weht schwach aus Nordost, in Böen stärker.
☐ Die Tageshöchsttemperaturen liegen bei 5° C bis 10° C (Grad Celsius).
☐ Die Tiefstwerte erreichen 0° C bis −9° C.
☐ Wir bedauern sehr, Ihnen kein schöneres Wetter ansagen zu können.
☐ Wetterbericht für Köln für Montag, den 29.02.2097

b) Begründe, warum du die angekreuzten Sätze noch ergänzen würdest. Schreibe deine Begründung ins Heft.

Sachtexte mit Tabellen

Sachtexte kannst du durch Bilder, Tabellen, Statistiken zum jeweiligen Thema professionell gestalten. Deine Leser gewinnen dadurch nicht nur Informationen aus dem Geschriebenen. Bilder und Tabellen können hilfreich sein, das Gelesene besser zu verstehen, wenn du sie so auswählst, dass sie deinen Text auch wirklich ergänzen. Falsche oder ungenaue Bilder sind allerdings nicht zu gebrauchen!

1 Lies den Text, und schreibe die Namen der WM-Sieger in den richtigen Balken.

Die erste Formel-1-Weltmeisterschaft wurde 1950 ausgetragen. Seitdem gab es einige Rennfahrer, die zu Legenden des Motorsports wurden. So holten sich bis 2006 diese fünf Rennfahrer je dreimal den Titel: Jack Brabham, Jackie Stewart, Niki Lauda, Nelson Piquet und Ayrton Senna. Vier WM-Siege konnte Alain Prost erringen. Juan Manuel Fangio wurde gleich fünfmal Weltmeister. Michael Schumacher hingegen gelang es bis 2005 ganze sieben Mal!

Mehrfache Formel-1-Weltmeister seit 1950

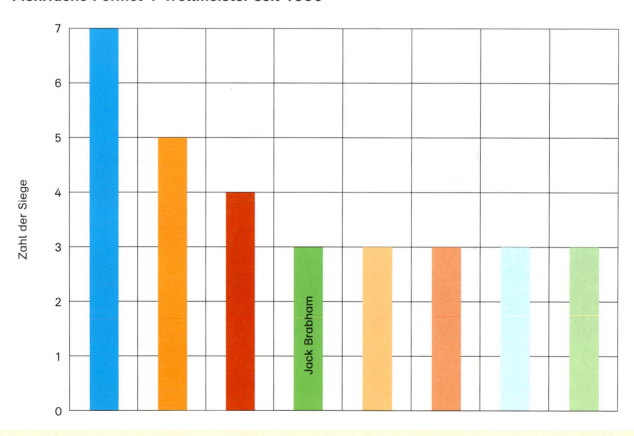

2 Im Jahr 2007 müssen die Rennfahrer auf insgesamt 16 verschiedenen Rennstrecken in unterschiedlichen Ländern der Welt ihr Können unter Beweis stellen. Dabei ist keine Strecke gleich lang, die Rundenlängen sind unterschiedlich (siehe Tabelle auf der nächsten Seite).

Schreibe alle Orte in dein Heft, auf denen mehr als 69 Runden gefahren werden müssen. Sortiere sie aufsteigend der Größe nach, und zwar so, dass du die Strecke mit der kürzesten Rundenlänge zuerst nennst. Die Streckenlänge musst du nicht dazuschreiben.

Beispiel: **58 Runden: Australien (5,303 km), Istanbul (5,338 km)**

Sachtexte mit Tabellen 81

Alle Rennstrecken der Formel-1-Weltmeisterschaft 2007 auf einen Blick

Name der Strecke	Rennstrecken-länge in km	Rennstrecke gerundet	Runden pro Ren-	Rundenlänge in km
Sakhir	308,484		57	5,421
Malaysia: Sepang	310,408		56	5,543
Australien: Albert Park	307,574		58	5,303
Nürburgring	308,880		60	5,148
Spanien; Barcelona: Catalunya	305,382		66	4,627
Monaco	260,520		78	3,340
Großbritannien: Silverstone	308,460		60	5,141
Kanada; Montreal: Gilles-Villeneuve	305,270		70	4,361
Frankreich; Nevers: Magny-Cours	308,770		70	4,411
Ungarn; Budapest: Hungaroring	306,670		70	4,381
Türkei: Istanbul	309,604		58	5,338
Italien; Monza	307,029		53	5,793
China; Shanghai	305,256		56	5,451
Japan; Fuji International Speedway	305,721		67	4,563
Brasilien; Rio de Janeiro: Nelson-Piquet	305,939		71	4,309
Belgien; Spa: Francorchamp	306,812		44	6,973

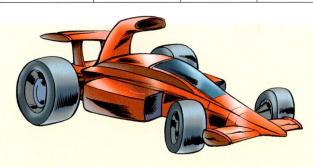

Bist du fit fürs Gymnasium?

3

a) Runde die Streckenlängen aus Aufgabe 2 auf volle Einer. Trage die Werte in die dritte Spalte der Tabelle oben ein.

b) Zeichne auf ein kariertes Blatt Papier mit Lineal ein Balkendiagramm, auf dem man alle Informationen über die Anzahl der Runden pro Rennen sehen kann. Halte dich dabei an die Reihenfolge in der Tabelle. Beschrifte dein Diagramm!

Beispiel für ein Balkendiagramm (stark verkleinert)

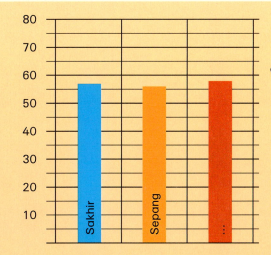

etwa 30 min

Sachtexte: Personenbeschreibung

- Eine **Personenbeschreibung** muss **genau** und **sachlich** sein, damit dein Leser sich den beschriebenen Menschen möglichst genau vorstellen kann. Man nennt diese Textform auch Steckbrief.
- Dabei beschreibst du zuerst das Gesamtbild (Geschlecht, Alter, Größe, Statur) und kommst dann zu den Details (Frisur, Haarfarbe, Augenfarbe und -form, Nasenform, Mundform, Besonderheiten wie Narben oder Sommersprossen). Da sich Kleidung und Schuhe verändern können, erwähnst du sie erst danach, vom Kopf bis zu den Füßen.
- Treffende Adjektive sind sehr wichtig!
- Verzichte bei einer Beschreibung auf deine eigene Meinung oder Gefühle.
- Schreibe in der Gegenwart.

1 a) Lies diese Personenbeschreibung. Sie ist viel zu ungenau und stellenweise unsachlich.

Mein Lehrer

Mein Lehrer ist <u>schon etwas älter, so etwa 50</u>. Er ist <u>fast so groß wie eine Tür, aber glücklicherweise nicht so breit.</u> <u>Er hat einen Eierkopf.</u> Er hat blonde Haare und blaue Augen. Seine Nase <u>sieht aus wie eine Kartoffel.</u> Wenn er lacht, <u>hat er Löcher</u> in den Wangen, <u>in den Zähnen hat er aber keine.</u> Seine Hände sind <u>riesig, aber weich.</u> Er hat nur neun Finger und total riesige Plattfüße. *Nur gut, dass er mir mit seinen Riesenlatschen noch nicht auf meinen Fuß getreten ist!* <u>Wenn er spricht, hält man sich besser die Ohren zu, so laut ist er.</u>

b) Überarbeite den Text, indem du die unterstrichenen Wörter gegen die Verbesserungsvorschläge tauschst. *Schräg Gedrucktes* sollst du weglassen. Schreibe den Lehrer-Steckbrief in deinem Heft richtig ab.

bilden sich Grübchen

sehr groß und gepflegt. Ihm fehlt der Zeigefinger der linken Hand. Auch hat er auffällige, große Plattfüße.

ungefähr 1,90 m groß und schlank

Die Kopfform ist oval.

Er spricht mit einer auffallend tiefen und lauten Stimme.

männlich und etwa 50 Jahre alt.

ist gebogen und sehr dick.

seine Zähne sind weiß und groß.

Sachtexte: Personenbeschreibung 83

2 Ordne mithilfe der Schreibregeln diese Begriffe richtig ein.

dunkelblaue Jeans | stark | Doppelkinn | weiblich | schlank
Stirnglatze | 170 cm | Adlernase | dick | lila Stöckelschuhe | Junge
Sommersprossen | muskulös | blond | rot geblümte Bluse
abstehende Ohren | 23 Jahre alt | Brille | O-Beine | zirka 1,50 m

Gesamtbild: _____

Details: _____

Kleidung: _____

Bist du fit fürs Gymnasium?

3 Bringe diese Personenbeschreibung in die richtige Reihenfolge, indem du die Sätze von 1 bis 11 nummerierst. Achte auf die Reihenfolge, die in den Regeln genannt wird!

etwa 10 min

- [ ] Zur Zeit ihres Verschwindens trug sie einen gelben Strohhut mit einem roten Band auf ihrem Kopf.
- [ ] Sie ist ca. 120 cm groß und kräftig.
- [1] Gesucht wird Heidi.
- [ ] Ihre Haare sind schwarz und kinnlang.
- [ ] Die Augenfarbe ist haselnussbraun.
- [ ] Normalerweise hat sie rote Wangen und einige Sommersprossen.
- [ ] Schuhe trug sie nicht.
- [ ] Sie war mit einem gelben Kleid mit roter Schürze bekleidet.
- [ ] Wenn Sie Heidi gesehen haben, melden Sie sich bitte umgehend beim Almöhi!
- [ ] Sie hat eine kleine Stupsnase und schmale, rote Lippen.
- [ ] Gesucht wird ein etwa 5 Jahre altes Mädchen aus Frankfurt.

Sachtexte: Interview

Ein **Interview** (Befragung) ist ein Gespräch, bei dem man jemandem Fragen stellt, um dadurch persönliche **Informationen** (zum Beispiel über einen Popstar) oder Sachverhalte (zum Beispiel über eine Erfindung oder Entdeckung) genau zu erfahren.
Wenn du eine Befragung durchführen willst, musst du dir **vorher** genau überlegen:

– welche Person Interessantes zu berichten hat.

– was du genau wissen möchtest und welche Informationen auch für andere interessant sein könnten.

– Achte beim Aufschreiben deiner Fragen und der Antworten darauf, dass du nur das aufschreibst, was auch wirklich gesagt worden ist. Hinzudichten oder umformulieren ist nicht erlaubt!

– Schreibe vor jede Äußerung den Namen desjenigen, der etwas gesagt hat.

– Merke dir: Formulierungen wie *Warum?, Aus welchen Gründen?, Wie kam es dazu, dass ...?* oder *Können Sie ... beschreiben?* fordern deinen Gesprächspartner auf, ausführlich zu antworten.

1 Hier findest du einige Beispielfragen für ein Interview mit einer Lehrerin.

a) Kreuze die Fragen an, die hilfreich und interessant sind.
b) Streiche alle „schlechten" Fragen durch, auf die du keine ausführliche oder ehrliche Antwort bekommen würdest.

☐ „Sind Sie gerne Lehrerin?"
☐ „Warum sind Sie Lehrerin geworden?"
☐ „Unterrichten Sie Kunst?"
☐ „Welches Fach unterrichten Sie am liebsten und warum?"
☐ „Wie alt sind Sie, und wie viel wiegen Sie?"
☐ „Aus welchen Gründen haben Sie sich entschieden, Lehrerin zu werden?"
☐ „Halten Sie sich für eine beliebte Lehrerin?"
☐ „Mögen Sie Hip-Hop?"
☐ „Welche Art von Musik hören Sie gerne?"
☐ „Treiben Sie eigentlich Sport?"
☐ „Welche Hobbys haben Sie?"

Sachtexte: Interview　85

2 Stell dir vor, du hast ein Interview mit deinem Lieblingspopstar.
Du darfst ihn duzen. Welche Fragen würdest du stellen? Wähle aus:

☐ „Wie heißt du?"　　☐ „Was ist deine Lieblingsspeise?"　　☐ „Magst du mich?"

☐ „Welche Instrumente kannst du spielen?"　　☐ „Welche Schuhgröße hast du?"

☐ „Was sagten deine Eltern dazu, als du Popstar werden wolltest?"

☐ „Findest du deine Fans nett?"　　☐ „Wer ist dein Vorbild?"

☐ „Wann und womit hast du angefangen, Musik zu machen?"

Tipps:
- Achte darauf, dich höflich auszudrücken, und stelle keine peinlichen Fragen.
- Zwinge niemanden zu antworten! Wenn dein Gesprächspartner auf eine Frage nicht antworten möchte, ist das in Ordnung.
- Formuliere deine Fragen so, dass du ausführliche Antworten bekommst. Wenn dein Interview-Partner immer nur mit „ja" oder „nein" antworten kann, wird es schnell langweilig.
- Bedanke dich am Ende für die Bereitschaft, am Interview teilzunehmen.

3 Schreibe in dein Heft passende Fragen (F) zu den Antworten (A). Sprich deinen Interviewpartner mit „Sie" an.

a) A: „Am liebsten esse ich Rapunzel-Salat mit Joghurtsoße."
b) A: „Als Kind wollte ich gerne Schiffskapitän werden, aber dann sank die Titanic, und da habe ich es mir anders überlegt."
c) A: „Ich lese gerne, gehe oft ins Kino. Schwimmen finde ich auch prima und Bowling."

Bist du fit fürs Gymnasium?

4 Bei welchen Fragen wurden Fehler gemacht? Schreibe dazu, um welche Fehler es sich handelt:　　sinnlose Frage = S　　unhöfliche Frage = U　　kein Fehler = ✓
Frage, auf die man nur mit ja/nein antworten kann = J/N

etwa 5 min

„Wie viel Uhr ist es Ihrer Meinung nach?"　☐

„Warum tragen Sie so eine hässliche Frisur?"　☐

„Sind Sie verheiratet?"　☐

„Welche Musikrichtung gefällt Ihnen am besten?"　☐

„Viele Menschen können Sie nicht leiden. Was sagen Sie dazu?"　☐

„Mögen Sie Schokolade?"　☐

Einen Sachtext kontrollieren

Sachtexte sollen deinen Leser möglichst **genau**, **sachlich** und **verständlich** über etwas **informieren**. Du darfst nicht vom Thema abweichen, konzentriere dich auf eine Sache!

Das solltest du vorher tun:
- Um sachlich und genau zu schreiben, überlege dir, welche Wörter so exakt wie möglich das Sachgebiet beschreiben. Benutze Fachausdrücke, treffende Adjektive und Verben. Schreibe diese Wörter auf, **bevor** du mit deinem Text beginnst.
- Überlege genau, worum es in deinem Text gehen soll und auf welche Fragen er eine Antwort geben soll.
- Schreibe in der Einleitung kurz, worum es geht. In der Einleitung soll der Leser erfahren, was, wann, wo mit wem passiert ist.
- Im Hauptteil musst du möglichst genau berichten, was und vor allem wie etwas passiert ist. Halte dabei eine sinnvolle Reihenfolge ein.
- Im Schlussteil solltest du die Folgen der Geschehnisse aufzeigen. Du kannst auch eine Empfehlung geben oder die Vor- und Nachteile von etwas beschreiben.
- Sachtexte können im Präsens oder der 1. Vergangenheit geschrieben werden.

1 Marvin soll einen Text über das Haustier seiner Schwester Alina schreiben. Lies dir den Text gut durch, und versuche dann, die Lücken zu füllen. Diese Wörter brauchst du:

Timmi	Käfig	Jahre	Futter	Stücke	schlafen
Wüstenrennmäuse		Höhlen		anknabbern	
vorsichtig	Schwanz		Vegetarier	Holzhaus	
kuscheliges	Wüste	Fell	sauber	herum	

Die Wüstenrennmaus

Alinas Wüstenrennmaus heißt _____. Sie ist etwa zehn Zentimeter lang und an ihrem _____ hat sie eine Quaste oder einen Pinsel.

Timmis _____ ist grau, eigentlich sind diese Mäuse braun.

Im Tiergeschäft kann man aber auch weiße, schwarze, graue oder sogar gescheckte _____ kaufen. Am Kopf und an den Pfoten hat Timmi viele Tasthaare, die ihm jede Berührung und Bewegung melden.

Das Mäuschen lebt in einem _____, der etwa 30 cm breit, 50 cm tief und 25 cm hoch ist.

In der Natur leben Wüstenrennmäuse in der Steppe und nicht in der _____!

Dort bauen sie sich _____, die mit zahlreichen Gängen miteinander verbunden sind. Sie leben mit vielen anderen Rennmäusen zusammen und können drei bis vier _____ alt werden.

Timmi ist _____, er frisst nur Samen und Getreide. Obst und Gemüse

Einen Sachtext kontrollieren

mag er auch, darf aber nur ganz wenig davon essen. Er bekommt täglich frisches
_____ und Wasser. Einmal pro Woche macht Alina den Käfig
_____ . Sie reinigt ihn mit heißem Wasser und legt Heu, Sand oder
Streu und Küchenrolle hinein. Das ist eine gute Zeit für die Rennmaus, in der Wohnung herumzuflitzen. Alina muss darauf achten, dass Timmi nicht entwischt oder an
Dinge herankommt, die er nicht _____ darf. Ein Laufrad würde ihm
sicher gut gefallen!
Das Papier der Küchenrolle reißt Timmi in winzige _____ und baut
sich daraus ein _____ Nest. Im Sand wälzt er sich _____
und macht damit sein Fell sauber.
Timmi hat von Alinas Opa ein schickes _____ bekommen. Das braucht
er, wenn er _____ oder klettern will, aber auch zum Nagen.
Wenn man mit Timmi kuscheln will, muss man sehr _____ sein, damit
man ihn nicht erdrückt. Auf lateinisch heißt Wüstenrennmaus: Meriones unguiculatus.
Das heißt übersetzt: „Krieger mit Krallen".

2 Diese Fragen hat sich Marvin vorher aufgeschrieben. Hake alle Fragen ab, auf die du im Text eine Antwort finden kannst:

☐ Was für ein Tier ist es?   ☐ Wo lebt es zu Hause?

☐ Wie heißt es und wie sieht es genau aus?   ☐ Welches Futter braucht das Tier?

☐ Wie muss man es pflegen?

☐ Wo lebt das Tier in der Natur?

Bist du fit fürs Gymnasium?

3 Überprüfe, ob Marvin diese Schreibtipps für Sachtexte beachtet hat:

etwa 10 min

	beachtet	nicht beachtet
Es wurde durchgängig in einer Erzählzeit geschrieben.		
In der Einleitung steht kurz beschrieben, um was es geht.		
Fachbegriffe wurden benutzt.		
Treffende Adjektive wurden verwendet.		
Man erfährt im Hauptteil genau, worum es geht.		
Es wurde ein passender Schlusssatz gefunden.		
Vor- und Nachteile wurden beschrieben.		

Gedichte

88

- **Gedichte** sind kunstvolle Texte, die manchmal in Reimform stehen. Als Überschrift reicht oft ein einziges Wort aus.

- Gedichte stehen in Zeilen. Ausnahmsweise darf man am Anfang jeder Zeile großschreiben.

- Wenn sich die letzten Worte der Zeilen reimen, spricht man von **Reim- oder Versformen**. Dabei ist die Anzahl der **Silben** wichtig: Die Zeilen, die sich reimen, haben meistens auch gleich viele Silben.

- Um die Reimform zu kennzeichnen, benennt man jede Zeile mit einem Buchstaben. Sich reimende Zeilen bekommen dabei den gleichen Buchstaben. Dieses Gedicht entspricht der Reimform abab:

Früh morgens so um sieben Uhr   (a) (8 Silben)
Kriecht ein Frosch durch die Hecke.   (b) (7 Silben)
Das ist wohl so in der Natur,   (a) (8 Silben)
Denn so macht's auch die Zecke.   (b) (7 Silben)

---

1   Bestimme die Silbenanzahl der Zeilen und die Reimform dieser Gedichte:

a) **Pollenallergie**

Die Birken und die Haseln blüh'n,   __ Silben

Ein Hase hoppelt über's Grün.   __ Silben

Bunt strahlen Blumen auf den Wiesen.   __ Silben

Frau Schulz strahlt nicht, denn sie muss niesen.   __ Silben

Kreuze an:

Die Reimform ist   ☐ aabb   ☐ abba   ☐ abab   ☐ abca

b) **Vogelscheuchen**

Es waren mal drei Scheuchen   **7** Silben

vogeliger Art.   __ Silben

Sie trugen in den Bäuchen   __ Silben

Stroh, das war sehr hart.   __ Silben

Da tauschte Bauer Platte   __ Silben

Stroh gegen Watte.   __ Silben

Nun geht es den dreien wohl.   __ Silben

Sie scheuchen vom Kohl   __ Silben

Nebst Vögeln auch 'ne Ratte.   __ Silben

Kreuze an:

Die Reimform ist   ☐ aabbccdda   ☐ abbacddca   ☐ ababaccddc

Gedichte

2 Eine besondere Reimform findet man in „Limericks". Diese Reime sind vor allem in England sehr beliebt. Limericks sind lustige 5-Zeiler, die der Reimform aabba entsprechen. Die a-Zeilen haben 9 Silben, die b-Zeilen nur 6.

Hier sind zwei Limericks durcheinandergeraten. Entwirre sie mithilfe der Limerickregeln. Beachte dabei die Reimform und die Silbenanzahl. Die erste und die letzte Zeile ist schon fertig. Setze die folgenden Zeilen an den richtigen Stellen ein, und schreibe die Limericks in dein Heft.

- Kam ein Rudel Pudel
- der rührte tagtäglich den Kleister.
- fraß gern den Dreckstrudel.
- Bald verließ ihn die Lust
- beinah vergessen und voller Dreck.
- schenkte alles Herrn Rust.

a) **Fleck-weg-Pudel**

Da gab es mal in Essen 'nen Fleck,
___
___
___
Da war der Dreck ruckzuck weg vom Fleck.

b) **Reise Meister**

Es lebte in Dortmund ein Meister,
___
___
___
Und seit diesem Tage verreist er.

Bist du fit fürs Gymnasium?

3 Schreibe mithilfe dieser Regeln und der Zeilen darunter ein Gedicht in dein Heft.

etwa 15 min

Regeln:
– Es soll ein Gedicht mit der Überschrift „Herbst" entstehen.
– Die Reimform ist: abcadeab.
– So viele Silben haben die Zeilen von oben nach unten: 4, 3, 3, 4, 4, 5, 3, 11.

Gedichtzeilen:

Igel frieren.   Der Wind weht kalt.   Regen fällt.   Schnee kommt bald.
Nackt ist der Wald.   Und male ein Bild.   Bleib zu Hause
Ich will meinen neuen Schlitten probieren!

Formulare

Formulare sind dazu da, Informationen über Dinge, Tiere oder Menschen in kurzer Form aufzuschreiben. Das ist besonders wichtig, wenn du **Anträge** ausfüllen musst oder etwas verloren geht, das du genau beschreiben musst. Ähnlich wie bei einer Personenbeschreibung kommt es darauf an, dass du **nur bedeutsame Informationen und Merkmale** notierst.

1 Dorian kauft sich am 11.11.2008 ein gebrauchtes Fahrrad im Geschäft „Die Bike-Profis". Der Verkäufer rät ihm, sofort einen Fahrradpass auszustellen, damit die Polizei sein Fahrrad besser finden kann, wenn es geklaut werden sollte.

a) Lies die Verkaufsbeschreibung von Dorians neuem Fahrrad durch.

Jugendrad „WK Blazer" € 159,00

Chrom-Stahl Rahmen, schwarz; Schutzbleche silber;
Vorderreifen 24" (Zoll), Hinterreifen 20";
5-Gang-Shomina-SIS-Kettenschaltung;
Reflektoren; verkehrssicher;
Tacho der Firma Flitzi;
„Hüpfer"-Federgabel vorn;
spezieller Blazer-Sattel;
Beule im Schutzblech vorn.
Rahmennummer: WK-007;
Codiernummer: 0815.

b) Fülle mithilfe des Textes die Vorderseite des Fahrradpasses aus.

Fahrradpass			
Name:	Akin	**Wohnort:**	23409 Esens
Vorname:		**Rahmennummer:**	
Straße:	Mühlenbusch 23a	**Codiernummer:**	

Bitte Zutreffendes ankreuzen:

○ Kinderrad   ○ Jugendrad   ○ Damenrad
○ Herrenrad   ○ Rennrad   ○ Mountainbike
○ Trekkingrad   ○ BMX-Rad   ○ Tandem

Formulare 91

Tipp: Auf welche Informationen es ankommt, wird in Formularen angegeben. Du musst die Infos nur an die richtigen Stellen schreiben.

2 Fülle die Rückseite des Passes mithilfe der Aufgabe 1 aus.

Marke/Modell:		Reifengröße vorn:	
Rahmenfarbe:		Reifengröße hinten:	
Rahmenmaterial:		Kaufdatum:	
Schutzblechfarbe:		Kaufpreis:	

Kettenschaltung mit _____ Gängen

Zubehör: ○ Fahrradcomputer   ○ Tacho

Federgabel: ○ vorn   ○ hinten

Händler:	
Besonderheiten:	
Beschädigungen:	

Fotografie des Fahrrades:

Bist du fit fürs Gymnasium?

3 Dorian bekommt zum Geburtstag einen Fahrradcomputer, neue Schutzbleche in Schwarz und eine neue Gangschaltung mit fünf Gängen.

Welche Angaben muss er im Fahrradpass ändern? Kreuze an:

etwa 5 min

☐ Rahmenmaterial   ☐ Rahmenfarbe   ☐ Reifengröße
☐ Schutzblechfarbe   ☐ Kettenschaltung   ☐ Zubehör
☐ Federgabel   ☐ Codiernummer   ☐ Besonderheiten
☐ Rahmennummer   ☐ Beschädigungen   ☐ Marke/Modell

92   **Briefe**

In einem **Brief** hast du die Möglichkeit, von etwas zu erzählen, das dir passiert ist, oder dich über etwas zu beschweren.
Dabei solltest du dich an diese Regeln halten:

– Schreibe immer höflich! Niemand liest gerne einen „Schimpf-Brief".

– Als Anrede kannst du schreiben:
  Liebe ..., Lieber ..., Sehr geehrte Frau ..., Sehr geehrter Herr ...

– Nach der Anrede steht ein Komma. Der Satzanfang nach der Anrede wird kleingeschrieben, wenn kein Nomen folgt.

– In Briefen an Erwachsene, die du nicht gut kennst, musst du die Anredefürwörter:
  Sie, Ihr, Ihres, Ihrer, Ihren, Ihrem immer großschreiben!

– Mögliche Schlusssätze für Briefe sind:
  Dein ..., Deine ..., Ihr ..., Ihre ..., Mit freundlichen Grüßen ...

– Vergiss am Ende nicht, deine Briefe zu unterschreiben.

---

1   Lies dir den Brief durch. Markiere alle Anredepronomen orange.

S. Smith
Manor Road 53
42103 Brighton
England

01.06.2007

E. Haverkamp
Höhne 24
42179 Wuppertal
Germany

Sehr geehrte Frau Haverkamp,

ich schreibe Ihnen mit einem besonderen Wunsch. Ich bin Deutschlehrerin an einer Grundschule in England und suche für meine Klassenkinder Brieffreunde aus Deutschland. Vielleicht haben ja einige Ihrer Kinder Lust, mir zu schreiben. Wenn sich die Kinder kurz vorstellen, würde ich die Briefe Ihrer Schüler gerne an passende Kinder meiner Klasse weiterleiten. Vielleicht entstehen ja Freundschaften? Und die Kinder könnten sich später einmal in den Ferien gegenseitig besuchen? Das würde ihnen sicher Spaß machen.
Über Ihre Mitarbeit würde ich mich sehr freuen!

Mit freundlichen Grüßen

Ihre S. Smith

P.S.: Sind Ihre Klassenkinder auch zwischen 9 und 11 Jahre alt?

Briefe 93

2 Die untenstehenden Textteile sollen dir helfen, einen Brief an Frau Smith zu schreiben.

a) Trage deinen Namen, dein Geschlecht und Alter auf den Linien ein, ergänze deine
   Hobbys, und schreibe, ob dein Brieffreund ein Junge oder ein Mädchen sein soll.

In der Schule lernen wir jetzt auch Englisch, aber zum Briefeschreiben reicht es bei mir noch nicht.

ich würde gerne eine Brief-freundschaft mit einem _____ aus Ihrer Klasse anfangen.

Über einen Brief aus England würde ich mich trotzdem sehr freuen. Besonders, wenn er in Deutsch ist.

Mein Name ist _____. Ich bin _____ Jahre alt und ein _____.

Vielleicht hat ja jemand aus Ihrer Klasse ähnliche Interessen wie ich und Lust, mir zu schreiben?

Meine Hobbys sind _____ _____

Mit freundlichen Grüßen

Sehr geehrte Frau Smith,

b) Schreibe einen Antwortbrief an Frau Smith.

– Trage das Datum, den Absender (deinen Namen und deine Adresse) und den
  Empfänger (den Namen und die Anschrift von Frau Smith) in deinen Brief ein.

– Schreibe die vorgegebenen Textteile in der richtigen Reihenfolge in dein Heft:
  Zuerst kommt die Anrede. Dann erwähnst du, warum du den Brief schreibst.
  Stelle dich kurz vor: Name, Alter, Hobbys. Schreibe, ob du Englisch kannst und ob
  du einen Brief auf Englisch oder Deutsch bekommen möchtest. Schreibe danach
  einen auffordernden Fragesatz. Zum Schluss steht der Schlusssatz.

– Unterschreibe den Brief.

Bist du fit fürs Gymnasium?

3 Gib Überarbeitungstipps für den Einladungstext zur Gruselparty.

Anredepronomen großschreiben! **A**   Höflich formulieren! **H**
Satz kürzer formulieren! **K**   Rechtschreibung kontrollieren! **R**

etwa 5 min

Ich lade sie herzlich zu meiner Gruselparty ein. ☐

Bite komen Sie am 31.10. 2007 zu mir in den Partykeler. ☐

Es gibt Würstchen, Pudding, Kuchen, Eis, Pommes und noch mehr zu essen. ☐

Verkleiden Sie sich besser nicht, Sie sehen so schon gruselig genug aus! ☐

Wenn Sie nicht kommen, bin ich sauer und spreche nie mehr ein Wort mit Ihnen! ☐

Test: Texte verfassen

45 min

Name:	Klasse:	Datum:

1 Welche Bausteine braucht jede Erzählung?

☐ Einleitung ☐ Datum ☐ Überschrift ☐ Unterschrift

☐ Bericht ☐ Schlussteil ☐ wörtliche Rede ☐ Hauptteil

4 P.

2 Auf was musst du bei jeder Erzählung achten?

☐ Personalform ☐ Anredefürwörter ☐ unterschiedliche Satzanfänge

☐ verschiedene Verben und Adjektive ☐ Absender ☐ Schlusssatz

☐ Satzzeichen ☐ märchenhafte Sprache ☐ Spannung erzeugen

☐ Einhaltung der Erzählzeit ☐ Happy End ☐ Rechtschreibung

8 P.

3 Wie bezeichnet man Texte, die Anweisungen geben, etwas erklären oder über etwas informieren?

☐ Sagen ☐ Sachkunde ☐ Sachtexte ☐ Poesie

1 P.

4 Wer hat deutsche Volksmärchen gesammelt und aufgeschrieben?

☐ Herr Duden ☐ Könige ☐ Kinder ☐ Die Brüder Grimm

1 P.

5 Was sind wesentliche Unterschiede zwischen Sagen und Märchen?

☐ Beide wurden mündlich überliefert.

☐ In Sagen erfährt man, wann und wo das beschriebene Ereignis genau passiert ist.

☐ In beiden Textsorten wurde etwas hinzuerfunden.

☐ In Märchen werden die Guten belohnt und die Bösen bestraft.

2 P.

6 Zur Textsorte Vorgangsbeschreibung zählen

☐ Rezepte ☐ Nacherzählung ☐ Bauanleitung ☐ Wetterbericht

☐ Buchempfehlung ☐ Aufsatz ☐ Spielanleitung ☐ Brief

3 P.

Test: Texte verfassen   95

---

7 Bilder, Tabellen und Diagramme sind besonders wichtig in

☐ Sachtexten   ☐ Erzählungen

1 P.

---

8 Zu welchen Textsorten gehören diese Textausschnitte?

a) Die Hexe aber war eine dunkle Gestalt und böser Natur. _____

b) Der Mann ist etwa 27 Jahre alt, 1,80 m groß und schlank. _____

c) Die Tiefstwerte erreichen minus 15°C. _____

d) Mit freundlichen Grüßen _____

8 P.

---

9 Für welche Textsorte sind Anzahl der Silben und Versform wichtig?

☐ Geschichten   ☐ Gedichte   ☐ Lebenslauf   ☐ Märchen

1 P.

---

10 Was ist ein Formular?

☐ Briefpapier   ☐ Führerschein für Formel-1-Fahrer

☐ eine besondere Formel für Haarshampoos und Faltencreme

☐ vorgedruckte Fragen zum Ausfüllen auf einem Blatt oder Blättern

1 P.

---

11 Bei welchen Textsorten musst du auf höfliche Anredepronomen achten?

☐ Personenbeschreibung   ☐ Interview   ☐ Nacherzählung   ☐ Brief

☐ Bildergeschichte   ☐ Gedicht   ☐ E-Mail   ☐ Bericht

3 P.

---

12 Auf was musst du achten, wenn du eine Vorgangsbeschreibung schreibst?

☐ vollständige Liste aller benötigten Materialien

☐ Die Personen müssen einen Namen haben.

☐ in der Vergangenheit schreiben

☐ in der Gegenwart schreiben

☐ richtige Reihenfolge der Handlungsschritte

☐ wörtliche Rede

☐ in der Ich-, Du- oder Man-Form schreiben

4 P.

Test: Texte verfassen

13 Wenn du deine eigene Meinung schreibst, musst du diese auch

☐ für immer behalten ☐ sachlich begründen ☐ den anderen aufzwingen

1 P.

14 Was wird mit diesem Text beschrieben?

Auch „Vers" genannt. Er ist eine rhythmische Einheit aus unbetonten und betonten Silben. Betonte Silben nennt man „Hebungen", unbetonte Silben sind „Senkungen".

☐ Inhalt eines Wörterbuchs ☐ eine Gedichtzeile ☐ Empfänger eines Briefes

1 P.

15 Die Verben *schlendern, bummeln, hinken, rennen, waten, joggen* gehören

☐ zum Wortfeld *gehen* ☐ nicht in eine Erzählung ☐ in jeden guten Text

1 P.

16 a) Denjenigen, der einen Brief bekommt, nennt man:

☐ Briefträger ☐ Empfänger ☐ Adressat ☐ Anredepronomen

b) Denjenigen, der einen Brief schreibt und verschickt, nennt man:

☐ Absender ☐ Postbeamter ☐ Federhalter ☐ Adressat

3 P.

17 Wenn du etwas verloren hast, das du gerne wiederhaben möchtest, schreibst du am besten

☐ einen Brief an deinen Lehrer ☐ eine Gegenstandsbeschreibung
☐ einen Beschwerdebrief ☐ eine E-Mail an eine Suchmaschine

1 P.

18 Diese Satzanfänge eignen sich gut für spannende Geschichten:

☐ Plötzlich ☐ Da ☐ Es war einmal ☐ Auf einmal

3 P.

Test: Texte verfassen 97

19 Hier sind drei Bausteine des Hauptteils zweier Geschichten durcheinandergeraten.

Male die Felder so an:
Steigerungen: grün   Höhepunkte: rot   Ausklänge: blau.

a)
Da sah sie plötzlich in der Ferne eine Oase. Wasser plätscherte zwischen Palmen. Hoffnung erfüllte sie. Sie fühlte neue Kraft in sich und lief, rannte, sprintete auf den erlösenden See zu.

d)
Ich wollte es wenigstens versuchen. Ich wusste, dass ich gut war. Also suchte ich alle Unterlagen zusammen, packte sie in einen Umschlag und schickte sie los. Dann begann das Warten. Tagelang geschah nichts, und ich begann mich damit abzufinden, dass ich wohl nicht eingeladen werden würde.

b)
Sie rannte und rannte und konnte die rettende Oase nicht erreichen. Der Abstand wollte nicht kleiner werden. Dann blieb sie stehen. Die Oase war nicht mehr da. Verschwunden, wie vom Erdboden verschluckt. Alles war nur eine Fata Morgana gewesen.

e)
Ich war gut, richtig gut. Und ich hatte alles gegeben, mehr war nicht drin. Trotzdem war mir nicht wohl, als ich den Raum erneut betrat, um die Entscheidung der Jury zu hören.
„Tja, Susi", fing Detlef an. „Das war ziemlich gut. Willkommen im Workshop!" Ich hatte es tatsächlich geschafft!

c)
Mitten in meine Gedanken hinein klingelte das Telefon. „Susi Schulz", meldete ich mich. „Hallo, hier spricht Detlef vom Fernsehen. Ich habe deine Bewerbung gelesen und lade dich zum Casting ein." In mir wurde es warm, mein Herz schlug so schnell wie das eines Mäuschens. Antworten konnte ich fast gar nicht. Ich stammelte: „Okay, ich komme!"

f)
Es wurde immer heißer. Die Sonne brannte wie Feuer auf ihrem Gesicht. Aber sie musste durchhalten, eine andere Möglichkeit gab es nicht.

12 P.

In diesem Test habe ich ☐ Punkte von insgesamt 59 Punkten erreicht.

Das entspricht der Note ☐. (Schau in den Lösungen auf S. 33 nach.)

Einfache Informationen entnehmen: Erzählung

Tipp: Wenn du den Inhalt von Texten genau verstehen willst, solltest du diese nicht nur einmal lesen.

1 Lies dir die Erzählung mindestens zweimal durch.

Als Dracophelia die Tür öffnet, um ihr Morgenfeuer zu spucken, passiert es: Ein stürmischer Wind pustet ihr die Flamme direkt wieder aus. Wenn Dracophelia ihr Morgenfeuer nicht spucken kann, hat sie den ganzen Tag schlechte Laune. Sie fliegt los, um sich beim Wind zu beschweren.

5 Auch für Drachen ist es sehr anstrengend, gegen den Wind zu fliegen. Deshalb fliegt sie auf dem Rücken weiter. Dummerweise haben auch Drachen hinten keine Augen, von Rückspiegeln ganz zu schweigen. Deshalb bemerkt sie gar nicht, dass sie durch eine Wolke fliegt. Plötzlich hört sie von oben eine Stimme:

„Wärest du so freundlich, mir zu erklären, warum du so holterdiepolter durch mich
10 hindurchfliegst?" „Äh – wie bitte? Seit wann können Wolken sprechen?", fragt Dracophelia ziemlich verdutzt.

„Normalerweise," seufzt die Wolke „habe ich ja nie Zeit für Plaudereien. Aber jetzt, wo der Wind fast wieder weg ist ...! Ich komme gar nicht mehr von der Stelle."

„Soll ich dich ein bisschen anpusten, damit es schneller geht?" Dracophelia pustet,
15 was das Zeug hält. Und siehe da, es klappt wieder mit dem Feuer!

Meistens reagieren Wolken ziemlich gereizt, wenn es von unten heiß wird, während es in der Wolke noch kalt ist. In einer Gewitterwolke steigt warme Luft schnell nach oben und kühlt sich in der Wolke ab. Die kalte Luft fällt nach unten, wo sie wieder wärmer wird und deshalb wieder aufsteigt. Dann fängt es an zu blitzen.

20 Und weil Dracophelia ziemlich nah unter der Wolke fliegt, donnert der Blitz haarscharf an ihr vorbei. Sie bekommt einen riesigen Schreck. „Spinnst du?"

„Tut mir leid!", antwortet die Wolke kleinlaut. „Das hätte ich vorher wissen müssen, dass du Feuer spucken kannst!"

„Und wie ich das kann! Nur eben ging es nicht, als es so stürmisch war. Deshalb
25 suche ich den Wind! Ich will mich bei ihm beschweren. Du kannst mir doch sicher sagen, wo ich den Wind finde?", fragt Dracophelia.

„Du merkst doch, dass er gar nicht mehr da ist. Er hatte es sehr eilig, weil er zu einem gewissen Herrn Beaufort wollte, um über seine Stärken zu reden!" „Wie bitte?", staunt Dracophelia.

30 „Naja, der Wind hat sich überlegt, es wäre doch nett, wenn all die verschiedenen Winde, die er so machen kann, eine Nummer bekämen.", erzählt die Wolke. „Dann könnte er seine Windstärken sortieren. Weißt du, er hat es gern, wenn alles seine Ordnung

Einfache Informationen entnehmen: Erzählung

hat. Herr Beaufort erfand deshalb eine Skala, in der man alles von windstill bis Orkan finden kann."

35 „Wenn der Wind zum Beispiel den Menschen fast die Hüte vom Kopf pustet und sie die Hüte festhalten müssen, damit sie nicht wegfliegen, herrscht Stärke sieben!", fährt die Wolke fort. Dracophelia findet es super, wenn jemand so viel kann wie der Wind. „Ich kann nur Feuer spucken und fliegen", sagt sie, und ihre Stimme klingt dabei sehr traurig.

40 „Ach, mach dir nichts draus. Soll ich dir zeigen, wie man Schnee macht?", versucht die Wolke sie zu trösten. „Oder willst du lieber Hagel, Nebel, einen feinen Graupel-schauer? Ein Regenbogen wäre auch nicht schlecht, der macht gute Laune!", überlegt die Wolke. „Pass auf: Ich sorge jetzt für einen schönen Regenbogen, und du bist nicht mehr traurig, ja?", verspricht die Wolke und pfeift schrill, damit die anderen Wolken es
45 weiter hinten regnen lassen. Die Sonne scheint jetzt gegen den Regen: Ein wunder-schöner Regenbogen erscheint. Dracophelia hat sofort wieder gute Laune. „Das ist der schönste Regenbogen, den ich jemals gesehen habe! Und er hat alle sieben Farben: lila, dunkelblau, hellblau, grün, gelb, orange und rot! Kannst du noch mehr?", fragt sie.

50 „Klar! Ich kann mich dick oder dünn machen, hell oder dunkel, groß oder klein. Alles, was ich brauche, sind Wasser, Luft und Temperatur. Damit mache ich fast jedes Wetter!"

Dracophelia findet Wolken toll, weil sie so viel können. „Außerdem kann ich noch dei-ne Flamme löschen. Ich muss es nur ordentlich regnen lassen!" „Das will ich sehen!"
55 Dracophelia spuckt, was das Zeug hält, eine riesige Flamme.

Dabei übersieht sie leider eine kleine Amsel, die damit beschäftigt ist, auf der Wie-se unter Dracophelias Flügeln hin und her zu hüpfen. „Kannst du nicht aufpassen?", schimpft sie wie ein Rohrspatz. „Verzeihung, ich habe dich übersehen. Habe ich dich etwa angesengt?", entschuldigt sich Dracophelia. „Nein, nein, es ist nichts passiert.
60 Ich habe mich nur erschreckt!", singt die Amsel und hüpft schon wieder munter auf und ab. „Übst du für Olympia, oder warum hüpfst du ständig hin und her?", fragt Dracophelia frech. „Du bist mir vielleicht ein komischer Vogel! Ich hüpfe, damit die Regenwürmer denken, es regnet. Für die hört sich das nämlich in ihren Löchern so an. Also kriegen sie es mit der Angst zu tun, weil bei Regen ja ihre Gänge volllaufen.
65 Wenn sie dann raus kommen, packe ich sie mir. Irgendwas muss man ja schließlich essen! Die Amsel lebt nicht von Beeren allein!", sagt der Vogel. Das sieht Dracophelia ein, aber die Regenwürmer tun ihr leid. Sie mag nicht zusehen, wie die Amsel weiter hüpft und beschließt, sich wieder um die Wolke zu kümmern.

„Sag mal, wo nimmst du eigentlich das ganze Wasser für deinen Regen her?", fragt
70 Dracophelia die Wolke.

„Wenn die Sonne scheint, verdunstet Wasser, und das steigt dann als Dampf in Minitröpfchen in die Atmosphäre. So nennt man die Luftschicht zwischen Erde und Weltraum. Da es oben kälter ist als unten auf der Erde, kühlt die Luft ab, der Wasser-dampf kondensiert. So nennt man das, wenn aus Wasserdampf eine Wolke wird. War-
75 me Luft steigt also zuerst auf, das Wasser darin verdunstet. Die Luft kühlt weiter oben ab und sinkt wieder, bevor sie nochmals wärmer wird und aufsteigt. Dadurch konden-siert immer mehr Wasserdampf. Ich werde immer größer und dicker. Irgendwann bin ich so schwer, dass ich das gesammelte Wasser wieder fallen lasse. Je nachdem, wie warm es unten auf der Erde ist, gibt es dann Nebel, Regen, Graupel, Hagel oder
80 Schnee. Alles klar?", fasst die Wolke zusammen.

100 | **Einfache Informationen entnehmen: Erzählung**

2 Beantworte die Fragen mithilfe des Textes.

a) Wer oder was ist Dracophelia?

☐ eine Wolke ☐ ein Vogel ☐ ein Drache ☐ ein Junge

b) Wie viele Farben hat ein Regenbogen? ☐ 5 ☐ 6 ☐ 7 ☐ 8

c) Wann hat Dracophelia den ganzen Tag schlechte Laune?

_____

_____

d) Beschreibe, was in einer Gewitterwolke passiert:

_____

_____

_____

e) Wie nennt man es, wenn aus Wasserdampf eine Wolke wird?

_____

f) Erkläre, warum Amseln auf Wiesen hüpfen.

_____

_____

_____

g) Wer oder was war Beaufort?

_____

_____

Einfache Informationen entnehmen: Erzählung 101

3 Welche Bilder passen zu diesem Text? Kreuze an.

Bist du fit fürs Gymnasium?

4 a) Der Wind weht einem Mann den Hut vom Kopf. Mit welcher Windstärke bläst der Wind mindestens?

etwa 10 min

_____

b) Wähle eine Überschrift für den Text aus, die zur Dracophelia-Geschichte passt, und Lust weckt, sie zu lesen.

- ☐ Über die Entstehung von Wolken
- ☐ Wie Herr Beaufort zu seinem Namen kam
- ☐ Drachenstarke Geschichte über das Wetter
- ☐ Das Wetter

c) Der Geschichte fehlt auch ein Schlusssatz. Welcher würde passen?

- ☐ Dracophelia ist enttäuscht und fliegt traurig nach Hause zurück.
- ☐ Jetzt hat Dracophelia so viel über das Wetter gelernt, dass sie sich erst einmal lange in die Sonne legt. Dabei träumt sie davon, wie sie ihr nächstes Abenteuer besteht.
- ☐ Plötzlich beginnt es zu regnen, und die Wolke löst sich auf. Dracophelia ruft: „Wo willst du hin?"

Mit Sprache spielen

Tipp: Im Deutschen gibt es viele Wortbausteine, die „doppeldeutig" sind. Zum Beispiel: Adjektive, deren Endung –tig ist. Verwendest du sie mit einem Nomen, wird aus dem –tig ein –tiger (ein artiger Junge). Aus „artiger" kannst du also einen Ar-Tiger machen. Hast du den schon einmal gesehen? Das Wort ergibt zwar überhaupt keinen Sinn, aber möglicherweise entdeckst du neue Lebensformen!

1 Hier liest du von komischen Tischen, die es nur im Wörterbuch gibt. Finde heraus,
a) warum der Tischler darüber nachdenkt, schwedischer Innenarchitekt zu werden,
b) was die Frau von dem Tischler will.

Markiere die Stellen, in denen du diese Informationen bekommst.

Es war einmal vor kurzer Zeit ein Tischler, dem war es langweilig geworden, normale Tische zu bauen. Er überlegte gerade, ob er vielleicht lieber schwedischer Innenarchitekt werden solle. Denn schwedische Innenarchitekten hatten bekanntlich ja viel mehr Gestaltungsmöglichkeiten als jemand, der sich auf Tische spezialisierte. Während er also dasaß und nachdachte, betrat eine junge Frau seine Werkstatt und sprach: „Lieber Tischler, wenn du mir einen Tisch nur für mich ganz persönlich machst ... einen Tisch, den die Welt noch nicht gesehen hat. Ich brauche ihn dringend für meine neue Zwei-Zimmer-Wohnung, denn mein alter Tisch ist hin. Übrigens, ich heiße Asia." Da staunte der Tischler, sagte aber: „Ja, das mache ich!", zog sich in sein einsames Kämmerchen zurück und überlegte lange. Als er genug nachgedacht hatte, fing er an zu hobeln und zu sägen, dass einem Sehen und Hören verging. Diesen Tisch fertigte er an:

Mit Sprache spielen 103

2 Dann erzählte Asia ihren Freunden Juri und Roman von ihrem tollen Möbelstück. Diese suchten alsbald auch den Tischler auf, und alle wollten ein ganz persönliches Stück.

Welcher Tisch ist für Roman, welcher für Juri?

Dieser Tisch ist für _____ .   Dieser Tisch ist für _____ .

3 Kreuze an, aus welchen Adjektiven der Tischler sonst noch gebaut haben könnte:

- ☐ fantastisch   ☐ kritisch   ☐ schreibtisch   ☐ idiotisch
- ☐ vermutlich   ☐ holländisch   ☐ majestätisch   ☐ hektisch
- ☐ realistisch   ☐ egoistisch   ☐ flüchtig   ☐ kameradschaftlich
- ☐ nachtisch   ☐ ökologisch   ☐ demokratisch   ☐ akustisch
- ☐ sympathisch   ☐ gigantisch   ☐ geografisch   ☐ katastrotisch

Bist du fit fürs Gymnasium?

4 Mittlerweile ist der Tischler tatsächlich schwedischer Innenarchitekt geworden, weil er so gute Ideen hat. Finde heraus, wie die Tische heißen, und schreibe das passende Adjektiv darunter.

etwa 5 min

   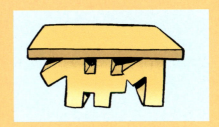

a) _____   b) _____

c) _____   d) _____

Strategisches Lesen

Tipp: Texte, die in einer ungewöhnlichen Form gedruckt worden sind, sind schwieriger zu lesen und zu verstehen. Dein Gehirn muss dabei ungewohnt denken. Das ist nicht nur gutes Lesetraining, sondern erhöht zusätzlich deine Konzentrationsfähigkeit und Ausdauer.

1 Kannst du diesen Text lesen?

Man sollte sich beim Lesen von komischen Texten nicht unbedingt auf seine Augen verlassen, denn die können einen manchmal ganz schön täuschen. Die beste Methode, ein guter Leser zu werden, ist immer noch diese: üben, üben, üben, und wenn man damit fertig ist, weiter üben.

Beantworte diese Fragen zum Text in deinem Heft:
a) Auf was sollte man sich beim Lesen von komischen Texten nicht unbedingt verlassen?
b) Warum nicht? Begründe mithilfe des Textes.
c) Durch was wird man ein guter Leser?
d) Was soll man tun, wenn man damit fertig ist?

2 Diesem Dichter sind die Wortgrenzen verrutscht. Kannst du den Text entziffern? Schreibe das Gedicht so ab, dass die Wortgrenzen und die Groß- und Kleinschreibung wieder stimmen. Benutze dazu die Linien hinter dem Text.

De Raal

Esa alt esiche in Aalind ers Onne

Mitwo Nne.

Erl agdas oun ddachte,

Wi eschöness ei,

wen ndi Eson nela chte.

Wahr lichsch önwar esw Ohl.

Do chlei dern ich tsol An ge.

Bal dka Mein wich tund

Mac hteihmba nge.

De Rwi chtna hm'nean Gel

Un dnah mde Naali ndi Emangel.

Dawa r'saus mitde Rwon ne

In ders Onne.

Strategisches Lesen 105

3 Kannst du diesen Text ohne Spiegel oder Kopfstand lesen? Versuche es einmal, ohne das Blatt zu drehen!

Also, wer das hier lesen kann, ohne einen Spiegel zu benutzen und ohne das Heft herumzudrehen, ist wirklich ein super Leser. Da wird einem ja ganz schummerig vor Augen, wenn die Buchstaben alle völlig verdreht da stehen. Und schwierig ist es außerdem. Dieser Text ist eigentlich eine Zumutung für das Auge! Hast du schon einmal versucht, so zu schreiben? Ich meine, nicht nur in Spiegelschrift, sondern auch noch auf dem Kopf! Besonders schwierig ist das bei Buchstaben wie b, d, p und q. Da kommt man völlig durcheinander und weiß bald nicht mehr, wo vorne, hinten, oben oder unten ist. Oder?

Bist du fit fürs Gymnasium?

4 Versuche, diesen verdrehten Text zu entziffern!

etwa 15 min

Wesstust du einegtilch, dass man druch enie engischle Stidue hauresgufenden hat, dass gtue Lseer meholüs Wertör lseen kennön, owbohl die Reheinfloge der Bachstuben vaurtescht werdon ist? Kimosch, oedr? Debai ist aebr sher wchitig, dsas der estre und ltezte Bchastube an der rechtigin Stlele stheen, snost fienktiunort es nchit. Auderßem sllote man ein wrilkich getur Lseer sein. Aebr du wßeit ja: Ünubg mchat den Mesteir! Am eifnachestn ist es, wnen debai afngnas nur die Vakole gautescht wreden. Vursechs mal! Spetär knanst du dnan auch die inrenen Bstachuebn virmeschen. Tsete doch mal denie Eterln, die kennön das veilliecht auch!

a) Worum geht es in dem Text?

☐ Die Eltern sollen den Text lesen.

☐ Es geht um eine Lesemethode aus England.

☐ Es geht um die Ergebnisse einer englischen Studie.

☐ Die Schulkinder in England tragen Uniformen.

b) Unterstreiche im Text alle Wörter, bei denen nur die Vokale, Umlaute und Doppellaute getauscht wurden.

Es sind insgesamt _____ Wörter.

106 | **Einfache Informationen entnehmen: Brief**

1 Lies dir den Brief genau durch.

> Lieber Aaron,
>
> wenn du mich nächsten Montag besuchen kommst, bin ich wahrscheinlich noch unterwegs. Ich habe um 15.00 Uhr einen Arzttermin, und es könnte ein bisschen später werden, spätestens um halb 4 bin ich aber da. Klingle einfach bei Frau Lämmle, die hat meinen Schlüssel und lässt dich rein. Es wäre gut, wenn du nach der Schule beim Supermarkt vorbeigehst, dann brauche ich die schweren Sachen nicht zu tragen. Ich lege dir für den Einkauf 15 € in den Umschlag. Das Restgeld darfst du behalten. Kaufe bitte ein: 1 Brot, 6 Bananen, 1 kg Kartoffeln, 1 Packung Kräuterquark, Kakaopulver und 1 Liter Milch.
> Ahnst du schon, was ich uns kochen will?
> Stell die Einkäufe auf den Küchentisch. Da liegt auch noch eine Überraschung für meinen Lieblingsenkel. Sieh mal nach!
> Bis Montag, ich freue mich auf dich! Bussi.
>
> Deine Omimi
> P.S. Wenn du Lust hast, kannst du auch mit Frau Lämmle Karten spielen, bis ich komme. Du weißt ja, sie pokert so gerne. Außerdem hat sie niemanden.

2 Beantworte die Fragen zum Brief.

a) Wann soll Aaron einkaufen gehen?

_____

b) Auf dem Küchentisch liegt etwas. Was ist es und für wen?

_____

c) Was stimmt? Kreuze an:

☺ = stimmt ☹ = stimmt nicht

Die Oma kommt am Abend zurück.	&#9786;	&#9785;
Die Oma kommt am Nachmittag zurück.	&#9786;	&#9785;
Die Oma spielt immer Karten mit Frau Lämmle.	&#9786;	&#9785;
Aaron ist Omas Lieblingsenkel.	&#9786;	&#9785;

Einfache Informationen entnehmen: Brief 107

3 Welche dieser Rechnungen ist die von Aarons Einkäufen?
Kreuze an, und begründe deine Wahl.

A

Brot	1,08 €
1 kg Kartoffeln	1,99 €
1 Kräuterquark	0,89 €
5 Bananen	1,09 €
Kakaopulver	0,79 €
1 l Milch	0,59 €
	6,43 €

B

Brot	1,08 €
2 kg Kartoffeln	3,98 €
1 Kräuterquark	0,89 €
6 Bananen	1,19 €
Kakaopulver	0,79 €
1 l Milch	0,59 €
	8,52 €

C

Brot	1,08 €
1 kg Kartoffeln	1,99 €
1 Kräuterquark	0,89 €
6 Bananen	1,19 €
Kakaopulver	0,79 €
1 l Milch	0,59 €
	6,53 €

D

Brot	1,08 €
1 kg Kartoffeln	1,99 €
1 Kräuterquark	0,89 €
6 Bananen	1,19 €
Kaffee	4,79 €
1 l Milch	0,59 €
	10,53 €

Rechnung ___ ist die richtige, weil _____

_____

4 Aarons Oma schickt den Enkel einkaufen, damit sie alle Zutaten für sein Lieblings-
gericht im Haus hat. Welches ist Aarons Lieblingsessen? Kreuze an.

☐ Kartoffel-Schinken-Auflauf   ☐ Bananenkuchen

☐ Spaghetti Bolognese   ☐ Pellkartoffeln mit Quark

Wie kommst du darauf? Begründe:

Aaron isst am liebsten _____, denn

_____

_____

_____

Bist du fit fürs Gymnasium?

5 Die Oma schreibt am Ende des Briefes über Frau Lämmle.

a) Überlege, wie Frau Lämmle sich fühlt, und schreibe mindestens zwei Adjektive auf:

etwa 10 min

_____

b) Würdest du zu Frau Lämmle gehen, um mit ihr zu spielen? Warum? Schreibe in
dein Heft, was Frau Lämmle davon hat, wenn Aaron sie besucht.

Einfache Informationen entnehmen: Sachtext

Sachtexte enthalten, im Gegensatz zu Erzählungen, ausschließlich **wahre Informationen**. Manchmal ist es schwierig, alles zu verstehen, weil häufig Fachbegriffe benutzt werden. Deshalb ist es wichtig, Begriffe, die du nicht kennst oder verstehst, zu unterstreichen, und diese im Lexikon nachzuschlagen.

1 Lies dir den Text gut durch. Unterstreiche beim zweiten Lesen alle Wörter, die du nicht kennst oder verstehst, und schlage sie im Lexikon nach.

Kolumbus' Irrtum

Als Christoph Kolumbus 1492 Amerika entdeckte, ahnte er nicht, dass er einen neuen Kontinent entdeckt hatte. Damals ging man davon aus, dass es nur einen großen Kontinent gäbe und die Erde eine Scheibe sei. Die Menschen dachten, wenn sie zu weit westlich segelten, würden sie von der Erdscheibe hinunterfallen. Deshalb fuhren
5 die Seeleute mit dem Schiff südöstlich um Afrika herum, um nach Indien oder China zu kommen. Die Reise nach Asien war gefährlich und weit, aber es gab viele wertvolle Waren, wie Seide und seltene Gewürze, die man dort billig einkaufte, um sie in Europa erheblich teurer zu verkaufen.

Kolumbus hatte viel gelesen und glaubte an die Theorien, die Erde sei eine Kugel.
10 Schon zwanzig Jahre vor seiner Entdeckung versuchte er, die Menschen davon zu überzeugen, dass man sehr wohl mit dem Schiff westlich fahren könne, und zwar so weit, bis man wieder auf Land stoßen würde. Und er war fest davon überzeugt, dass man auch auf diesem Weg Indien erreichen könnte. Er ging sogar so weit zu behaupten, der Weg sei kürzer, wenn man statt um Afrika einfach nur gen Westen segeln
15 würde.

Erst im Jahr 1492 konnte er das spanische Königspaar überzeugen, ihm drei Schiffe und etwa 90 Mann Besatzung zu bezahlen, damit diese ihn auf seiner Entdeckungsreise begleiten sollten. Sollte Kolumbus bei seiner Reise neue Länder entdecken, hätten diese nach damaligem Recht ab sofort unter spanischer Herrschaft gestanden.
20 Das Königspaar hoffte, durch Kolumbus an Macht und Reichtum zu gewinnen. Er schloss mit dem Königshaus einen Vertrag darüber ab, dass er „Vizekönig" der entdeckten Länder werden sollte und 1 von 10 Teilen von allen Schätzen oder Einnahmen behalten durfte, der Rest sollte dem Königspaar gehören. Am 3. August 1492 legten die Karacke Santa Maria und zwei Karavellen, Pinta und Niña, im heutigen
25 Andalusien ab, und die Expedition konnte beginnen.

Die Reise nach „Indien" dauerte viel länger, als Kolumbus geplant hatte. Nach acht Wochen bemerkten die Seeleute, dass die Seekarten, nach denen sie segelten, gar nicht stimmten. Einige wollten sogar die Reise abbrechen und wieder zurücksegeln, weil sie ihren Glauben an Kolumbus verloren hatten. Die Reise dauerte ihnen zu
30 lange, die Vorräte gingen zur Neige, und so fingen die Seeleute an, Kolumbus' waghalsige Theorie anzuzweifeln. Kolumbus aber dachte gar nicht daran, umzukehren, so sicher war er sich. Vermutlich hielt die Besatzung nur deshalb durch, weil es Kolumbus mit seinem „Lügenbuch" gelang, sie zu beruhigen. Er hatte nämlich weniger Seemeilen aufgeschrieben, als tatsächlich gesegelt worden waren.

35 Am 12. Oktober 1492 war es dann endlich so weit: Eine Insel lag vor ihnen. Kolumbus war sich ganz sicher: Dies musste eine unentdeckte Insel vor dem Festland Indiens sein! Für alle war dies der Beweis dafür, dass die Erde eine Kugel und keine Scheibe war. Tatsächlich landeten die Männer aber in der Karibik und nicht in Indien.

Einfache Informationen entnehmen: Sachtext 109

Kolumbus nannte die Insel „La Isla Española", das heißt übersetzt: die spanische
40 Insel. Heute heißt sie „Hispaniola".

Als die Männer an Land gingen, trafen sie dort auf Eingeborene. Und da man dachte, es handelte sich bei dem Land um Indien, nannte Kolumbus die Ureinwohner Indianer („Arawak") . Diese empfingen neugierig und freundlich die ankommenden Männer, versorgten sie mit Essen und Trinken und einigen Geschenken. Damals ahnten die
45 „Indianer" noch nicht, welch schlimme Folgen Kolumbus' Entdeckung für sie haben würde.

Bis zu seinem Tod 1506 war beinahe jeder davon überzeugt, dass Kolumbus einen neuen Seeweg nach Indien gefunden hatte. Er selbst erfuhr von der Aufdeckung seines Irrtums nicht mehr, obwohl es dem Seefahrer Amerigo Vespucci im Jahre 1499
50 gelang, durch eigene Forschungen nachzuweisen, dass es sich bei Kolumbus' Entdeckung nicht um Indien gehandelt hatte, sondern um die Entdeckung eines ganzen Kontinents, von dem man bisher nichts geahnt hatte. Ins Lateinische übersetzt heißt Amerigo „Americus". Da alle Kontinente, die man damals kannte, auf -a endeten (Europa, Asia, Afrika), benannte man den neuen Erdteil zwar nach „Americus", glich den
55 Namen aber an, indem man auch diesen mit -a enden ließ. So wurde aus „Americus" „America".

2 Beantworte diese Fragen mithilfe des Textes.

a) An welchem Tag entdeckte Kolumbus Amerika? _____

b) In welchem Land glaubte er zu sein? _____

c) Wer stellte fest, dass es sich um die Entdeckung eines neuen Kontinents handelte? Schreibe dazu, in welchem Jahr dies geschah. _____
_____

d) Warum fuhren die Europäer im 15. Jahrhundert nach Indien und China?
_____

e) Angenommen, Kolumbus hätte in Amerika zehn Kilo Gold gefunden. Wie viel davon hätte er behalten dürfen, und wer hätte den Rest bekommen?
_____

f) An welche Textstelle würdest du dieses Bild kleben? Kreuze an.

☐ neben die Einleitung ☐ neben den Hauptteil ☐ neben den Schlussteil

Einfache Informationen entnehmen: Sachtext

g) Neben welche Textzeilen würdest du diese Bilder kleben? Kreuze an.

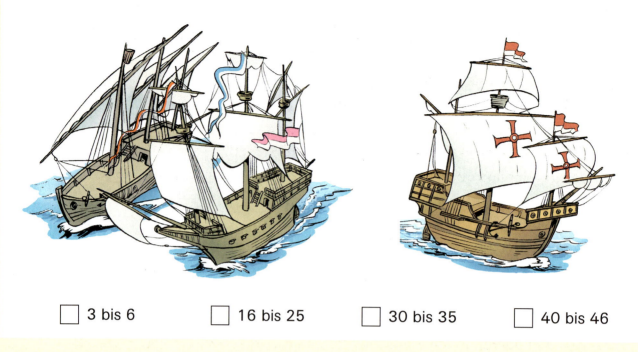

☐ 3 bis 6　　　☐ 16 bis 25　　　☐ 30 bis 35　　　☐ 40 bis 46

Bist du fit fürs Gymnasium?

3

etwa 10 min

In seinem Tagebuch soll Kolumbus diesen Text geschrieben haben:

„ ... unschuldig und von einer solchen Freigiebigkeit mit dem, was sie haben, dass niemand es glauben würde, der es nicht mit eigenen Augen gesehen hat. Was immer man von ihnen erbittet, sie sagen nie nein, sondern fordern einen ausdrücklich auf, es anzunehmen und zeigen dabei so viel Liebenswürdigkeit, als würden sie einem ihr Herz schenken ..."

Wen beschreibt Kolumbus hier?

_____

4

etwa 10 min

Nicht alle Menschen waren von den Entdeckungsreisen des Kolumbus begeistert. Einige kritisierten ihn so scharf, dass ihm sein Amt als „Vizekönig" aberkannt wurde, er gefesselt nach Spanien gebracht wurde und ihm 1502 der Zugang zu Haiti verweigert wurde. Überlege, welche Gründe es dafür gegeben haben könnte. Kreuze an.

☐ Die Spanier glaubten ihm nicht und behaupteten, Kolumbus sei ein Lügner.

☐ Die Einheimischen wollten die spanische Regierung nicht anerkennen und wehrten sich.

☐ Einige hielten Kolumbus für gierig und grausam und warfen ihm vor, seine Reisen dienten ihm lediglich dazu, wohlhabend und mächtig zu werden.

☐ Man warf ihm vor, zu nett zu den Eingeborenen zu sein.

☐ Man warf ihm vor, die Eingeborenen als Sklaven und Untertanen zu betrachten.

Einfache Informationen entnehmen: Sachtext — 111

– Gehe beim Lesen von Sachtexten schrittweise vor, damit du das Gelesene gut verstehst!

– Verschaffe dir einen ersten Überblick über das Thema, indem du zuerst die Überschrift, **Fettgedrucktes**, <u>Unterstrichenes</u> oder *Schräggedrucktes* liest.

– Überlege dir genau, auf welche Fragen du in diesem Text Antworten findest. Schreibe dir die Fragen auf einen Notizzettel.

– Lies den Text jetzt genau. Gönne dir dabei Pausen und frage dich, ob du alles verstanden hast. Jetzt ist es hilfreich, wenn du deine Fragen beantwortest.

– Unterstreiche wichtige Textstellen, und versuche, diese in eigenen Worten aufzuschreiben.

1 Lies den Text genau, und beachte dabei die Regeln für das Lesen von Sachtexten.

Amerika – Das Land der Wilden

Seit etwa **30 000 Jahren** leben Menschen in Amerika. Man vermutet, dass sie aus Asien nach Amerika gewandert sind, als die Kontinente noch nicht durch das Meer getrennt waren. Ein Anhaltspunkt für diese Annahme ist ihr Aussehen: Die Ureinwohner Amerikas hatten eine mittelbraune Hautfarbe und asiatisch anmutende Gesichts-
5 züge.
Seit jeher bemalten sich die Indianer mit Farben, die sie aus Erde, Sand, Pflanzen und Blut herstellten. Wenn sie in den Kampf zogen, wählten sie die Farbe Rot. Aufgrund der roten Kriegsbemalung gaben ihnen die Siedler im 16. Jahrhundert den Namen „**Rothaut**".
10 Indianer lebten in Zelten, die sie „**Tipi**" nannten. Der Stamm der Sioux benutzte dieses Wort, übersetzt heißt „Ti" „Wohnung" und „Pi" „verwendet als". Auf langen Holzstöcken, die kegelförmig aufgestellt wurden, befestigten sie eine Plane aus **Bisonleder**, um sich vor Wind und Regen oder Schnee zu schützen. Die Tipis waren so groß, dass eine ganze Familie darin Platz fand. Im Winter konnte man sogar ein Lagerfeuer
15 darin brennen lassen. Die Zelte hatten den Vorteil, dass sie zügig auf- und abgebaut werden konnten. Das war wichtig, weil die Indianer **Bisons*** jagten, um deren Fleisch zu essen, und die Felle als Decken zu benutzen. Aus dem Leder fertigten die Frauen Kleidung und Planen für die Zelte, aus der Haut wurde die Bespannung für Trommeln gemacht. Die Bisonherden zogen, immer auf der Suche nach neuen Futterstellen,
20 durchs Land. Die Indianer waren also gezwungen, den Herden hinterherzuziehen.
In den Indianerstämmen waren alle Aufgaben klar verteilt: Die Frauen waren zuständig fürs Nähen, Kochen und die Kindererziehung. Die Männer gingen zur Jagd und zogen in den Kampf, um das **Überleben** des Stammes zu sichern. Ein Indianerjunge lernte bereits im Alter von sechs Jahren den sicheren Umgang mit Pfeil und Bogen.
25 Die Kinder wuchsen in sehr strengen Verhältnissen auf. Die Jungen wurden geschlagen, damit sie Disziplin und Respekt lernen sollten. Die Beherrschung der **Stammessprache** war ebenfalls wichtig. Täglicher Sprachunterricht sollte dafür sorgen, dass die Sprache perfekt beherrscht wurde. Wer einen Sprachfehler hatte oder Schwierigkeiten zu sprechen, durfte als Erwachsener nicht sprechen, damit die Kinder nichts
30 Falsches lernen sollten.

* Bisons zählen zur Gattung der Wildrinder. Heute benutzt man auch manchmal den Namen „(Indianer)Büffel". Diese Bezeichnung ist jedoch nicht korrekt, da Büffel nur in Afrika oder Asien leben.

112 Einfache Informationen entnehmen: Sachtext

In jedem Stamm wählten die stammesältesten Männer einen **Häuptling**. Der musste freundlich, gerecht, mutig und stark sein. Wichtige Entscheidungen durfte dieser aber **nur in Absprache mit den stammesältesten Männern** treffen. Außerdem gab es einen **Medizinmann**, manchmal auch Medizinfrauen, die dafür verantwortlich waren, Kranke
35 zu heilen und für Regen zu sorgen. Sie mussten sich besonders gut mit Pflanzen auskennen, die Heilkräfte besaßen.
So überlebten die Ureinwohner Amerikas schätzungsweise 30 000 Jahre, bis die ersten Siedler den neu entdeckten Kontinent bezogen.
Nachdem Kolumbus 1492 die „neue Welt" entdeckt hatte, nahm das Schicksal der
40 Indianer seinen Lauf. Die spanische Regierung sorgte dafür, dass die Ureinwohner als Sklaven behandelt wurden. Wer sich weigerte, der spanischen Regierung zu dienen, wurde getötet. Als im 17. Jahrhundert in Europa **Arbeitslosigkeit** und **Armut** herrschten und sich herumsprach, dass in Amerika genug Platz und Land für alle vorhanden sei, machten sich im Jahre **1607 die ersten englischen Siedler** auf den Weg, um in
45 der „neuen Welt" ein besseres Leben führen zu können. Es entstand die erste Siedlung, die Engländer nannten sie „**Jamestown**". Die Indianer empfingen die ersten Siedler freundlich. Sie schenkten ihnen Felle und Fleisch, damit die Engländer den ersten Winter in Jamestown überleben konnten. Die hatten nämlich nicht damit gerechnet, dass die Winter in Amerika so streng sein würden. Ohne die großzügigen
50 Geschenke der Indianer hätten sie den ersten Winter wahrscheinlich nicht überlebt. Daraufhin begann ein reger Tausch: Die Indianer brachten Felle und Fleisch und bekamen dafür Töpfe und andere nützliche Dinge.
Bis zum **19. Jahrhundert** kamen immer mehr **Siedler aus Europa** nach Amerika. Sie bekämpften und vertrieben die Indianer aus ihrem Land und **rotteten** die Bisonherden
55 nahezu **aus**. Wer nicht freiwillig Platz machte, wurde erschossen.
Als einige Siedler auf **Goldminen** stießen, bauten sie Städte, die sie wieder verließen, wenn die Minen erschöpft waren. Noch heute findet man in ursprünglich indianischen Gebieten so genannte „**Geisterstädte**", in denen einst Goldgräber wohnten, und die seit damals leer stehen und verfallen. Immer weiter zogen die Siedler durchs Land,
60 immer mehr Platz nahmen sie ein, immer weniger Platz blieb für die Indianer.
300 Jahre nach der ersten Besiedlung waren die meisten Stämme besiegt. Die Indianer, die überlebt hatten, wurden in karge Gebiete mit unfruchtbarem Boden geschickt, wodurch sie gezwungen waren, in Armut und Abhängigkeit zu leben. Noch heute findet man in Amerika die so genannten „**Reservate**", ärmlich gebaute Siedlungen, in
65 denen die Indianer leben.

2 Beantworte mithilfe der fett gedruckten Wörter diese Fragen (Stichworte genügen):

a) Seit wann leben Indianer in Amerika? _____

b) Wie nannte man sie, weil ihre Kriegsbemalung rot war? _____

c) Aus welchem Material bestand die Außenwand der Tipis? _____

d) Warum jagten Indianer Bisons? _____

_____

e) Wer traf bei den Indianern wichtige Entscheidungen? _____

_____

f) Wer übernahm die Aufgaben des Arztes in einem Indianerstamm?

_____

Einfache Informationen entnehmen: Sachtext 113

g) In welchem Jahr entstand die erste europäische Siedlung in Amerika? _____

h) Aus welchem Land kamen die ersten Siedler? _____

i) Warum sind die Siedler nach Amerika gezogen? _____
_____

j) Was ist eine „Geisterstadt"? _____
_____

k) Was ist ein „Reservat"? _____
_____

Tipp: Gute Argumente müssen sachlich richtig und begründet sein. Dabei helfen dir Wörter wie: weil, aber, denn, zwar ...

Bist du fit fürs Gymnasium?

3 Kolumbus' Entdeckung 1492 hatte für Europa viele Vorteile. Für die Indianer hatte sie allerdings viele Nachteile.

etwa 10 min

Schreibe stichwortartig jeweils zwei Vor- und zwei Nachteile in dein Heft.
Schreibe dazu eine solche Liste:

Vorteile für die Europäer	Nachteile für die Indianer

4 Stelle dir vor, du wärst einer der ersten Siedler 1607 gewesen. Was hättest du besser gemacht? Welche Lösungen hättest du gefunden, mit denen die Indianer einverstanden gewesen wären?

etwa 10 min

Schreibe deine Vorschläge ins Heft.

Ungewöhnlichen Textsorten Informationen entnehmen: Bericht

In einem **Bericht** liest du **sachliche Informationen** über etwas, das geschehen ist. Um Antworten auf die wichtigsten Fragen zu finden, kannst du beim zweiten Durchlesen wichtige Textstellen unterstreichen oder mit einem Leuchtstift übermalen. Versuche, diese **W-Fragen** zu beantworten:

1. **Wann** ist etwas passiert?
2. **Wo** ist es passiert?
3. **Wer** ist verletzt?
4. **Welche** Verletzung liegt vor?
5. **Wer** war dabei?
6. **Wie** ist es passiert?

1 Lies dir diesen Zeitungsbericht genau durch. Markiere die Stellen, an denen du Antworten auf die W-Fragen im Regelkasten findest.

Lockere Schraube verursacht Gipsbein

Oberursel ■ Erst gestern wurde bekannt, dass sich am Mittwoch früh gegen 9.00 Uhr in der Turnhalle des Schulstadions ein tragischer Unfall ereignete. Eine nicht angezogene Schraube war wohl der Grund dafür, dass ein Stufenbarren in sich zusammenfiel, während die 14-jährige Kunstturnerin Kati L. ihre Kür übte. Das Mädchen fiel aus 2,50 m kopfüber auf den Hallenboden, fiel auf eine heruntergefallene Stange des Barrens und war nicht ansprechbar. Während der Trainer Erste Hilfe leistete und versuchte, die Turnerin wiederzubeleben, verständigte Anja M. den Notarzt. Als dieser eintraf, war das Mädchen dank des Einsatzes des Trainers wieder bei Bewusstsein. Sofort veranlasste dieser den Transport ins örtliche Krankenhaus. Dort stellte der Chirurg Dr. Klein einen doppelten Schienbeinbruch fest, der in einer dreistündigen Operation behandelt wurde. Kati L. geht es den Umständen entsprechend gut. „Mit dem Kunstturnen ist wohl erst einmal Schluss", bedauerte sie nach der Operation. Die Ärzte sprachen von einer mindestens einjährigen Trainingspause.

Tipp: Schreibe die unterstrichenen Textstellen zunächst ab, und versuche sie dann mit eigenen Worten wiederzugeben. Das hilft deinem Gedächtnis, sich Dinge zu merken!

Ungewöhnlichen Textsorten Informationen entnehmen: Bericht | 115

2 Beantworte diese Fragen zum Text in ganzen Sätzen.

a) Wann ist der Vorfall passiert?

_____

b) Wo ist der Unfall geschehen?

_____

c) Wer war bei dem Unfall dabei?

_____

d) Wie ist es passiert? Was ist geschehen?

_____

_____

_____

e) Welche Folgen hatte der Unfall?

_____

_____

f) Wie lange darf Kati wahrscheinlich nicht trainieren?

_____

Tipp: Die Fragen a) bis d) musst du auch beantworten, wenn du einmal einen Notruf absetzen musst. Bereite dich auf so eine Situation vor, denn es kann dir täglich passieren, dass du Hilfe anfordern musst!

3 Schreibe die Schlagzeile der Zeitungsmeldung hier ab:

_____

Bist du fit fürs Gymnasium?

4 Wie hätte deiner Meinung nach der Unfall vermieden werden können?

_____

_____

_____

_____

etwa 5 min

Fahrplan und Preisliste

Fahrpläne zu lesen ist gar nicht so einfach und braucht Übung. Meistens werden Busfahrpläne als **Tabellen** dargestellt. Du findest also Informationen in **Spalten** und **Zeilen**. Frage dich zuerst, welche Information du eigentlich brauchst:

– Welche Buslinie fährt an den Ort, an den ich möchte?

– Um welche Zeit möchte ich ungefähr ankommen? Wann muss ich dann losfahren?

– Welche Art von Fahrkarte muss ich kaufen? Gelten bestimmte Preisstufen?

Schreibe dir deine gesuchten Informationen auf einen Notizzettel.

1 Aaron ist 10 Jahre alt. Ab nächster Woche soll er mit dem Bus zur Schule fahren. Er wohnt in Salzgitter-Bad nahe der Haltestelle Porschestraße. Um zu seiner Schule zu kommen, muss er am Rathaus in Salzgitter-Lebenstedt aussteigen. Von da aus geht er noch 10 Minuten zu Fuß. Die erste Stunde in der Schule beginnt um 8.00 Uhr.

Bus 610

EXPRESS-LINIE: SZ-Bad – SZ-Lebenstedt

Montag – Freitag

Fahrt		2	4	6	8	10	12	14	16	18	20	22	24	26
SZ-Bad, Bahnhof	ab	5.31	6.31	7.01	7.31	8.31	9.31	10.31	11.31	12.31	13.31	14.31	15.31	16.31
SZ-Bad, Burgundenstraße		5.34	6.34	7.04	7.34	8.34	9.34	10.34	11.34	12.34	13.34	14.34	15.34	16.34
SZ-Bad, M.-Luther-Platz		5.35	6.35	7.05	7.35	8.35	9.35	10.35	11.35	12.35	13.35	14.35	15.35	16.35
SZ-Bad, Rheinstraße		5.36	6.36	7.06	7.36	8.36	9.36	10.36	11.36	12.36	13.36	14.36	15.36	16.36
SZ-Bad, Porschestraße		5.37	6.37	7.07	7.37	8.37	9.37	10.37	11.37	12.37	13.37	14.37	15.37	16.37
SZ-Bad, Feuerwache		5.39	6.39	7.09	7.39	8.39	9.39	10.39	11.39	12.39	13.39	14.39	15.39	16.39
SZ-Gebh., Nord-Süd-Str.		5.44	6.44	7.14	7.44	8.44	9.44	10.44	11.44	12.44	13.44	14.44	15.44	16.44
SZ-Hallend., Ehem. Berufsschule		5.48	6.48	7.18	7.48	8.48	9.48	10.48	11.48	12.48	13.48	14.48	15.48	16.48
SZ-Leb., An der Feuerwache		5.52	6.52	7.22	7.52	8.52	9.52	10.52	11.52	12.52	13.52	14.52	15.52	16.52
SZ-Leb., Bahnhof		5.54	6.54	7.24	7.54	8.54	9.54	10.54	11.54	12.54	13.54	14.54	15.54	16.54
SZ-Leb., Rathaus		5.55	6.55	7.25	7.55	8.55	9.55	10.55	11.55	12.55	13.55	14.55	15.55	16.55
SZ-Leb., Krankenhaus		5.57	6.57	7.27	7.57	8.57	9.57	10.57	11.57	12.57	13.57	14.57	15.57	16.57
SZ-Leb., Hallenbad	an	5.59	6.59	7.29	7.59	8.59	9.59	10.59	11.59	12.59	13.59	14.59	15.59	16.59

a) Sieh auf dem Fahrplan nach: Um wie viel Uhr muss Aaron den Bus nehmen, damit er um 8.00 Uhr in der Schule ist? Er muss den Bus um _____ nehmen.

b) Dienstags hat Aaron erst um 8.50 Uhr Schule. Wann muss er jetzt den Bus nehmen?
_____

c) Mittwochs geht Aaron zur Freiwilligen Feuerwehr in Lebenstedt. Die Haltestelle dort heißt „An der Feuerwache". Um 15.00 Uhr muss er da sein.
Wann kommt der Bus dort an? _____

d) Freitags geht Aaron im Hallenbad schwimmen. Er trainiert ab 17.15 Uhr.
Um wie viel Uhr muss er den Bus nehmen? _____

e) Am Donnerstag holt Aaron seine Tante Elli um 15.05 Uhr vom Bahnhof ab.
Er steigt zu Hause um _____ in den Bus.

f) Leider hat Aaron am Dienstag verschlafen und seinen Bus verpasst. Er muss den nächsten nehmen. Der nächste Bus kommt um _____ an.

Fahrplan und Preisliste

Bist du fit fürs Gymnasium?

2 Da Aaron noch keine Monatskarte hat, kauft er sich eine Wochenkarte. Wie teuer ist diese?

etwa 5 min

3 Am Wochenende fährt Aaron mit seinen Eltern und seinem kleinen Bruder zur Oma nach Lehre. Aarons Bruder ist 7 Jahre alt.
Wie hoch ist der günstigste Preis für die Fahrten mit dem Bus?

etwa 15 min

	Preisstufe (in €)			
Sortiment	PS1	PS2	PS3	PS4
Einzelfahrscheine	90 Min.	90 Min.	120 Min.	150 Min.
Erwachsene	1,90	2,65	4,00	6,30
Kinder (6–11 Jahre)	0,95	1,30	2,00	3,15
Mehrfahrtenkarten	90 Min.	90 Min.	120 Min.	150 Min.
4er-Karte	6,60	9,00	13,60	21,00
Tageskarte				
1 Person	4,20	5,80	8,60	13,10
Monatskarten				
Erwachsene	47,50	57,10	78,00	106,00
Schüler	35,60	42,80	58,50	79,50
Wochenkarten				
Schüler	10,70	12,90	18,00	24,80

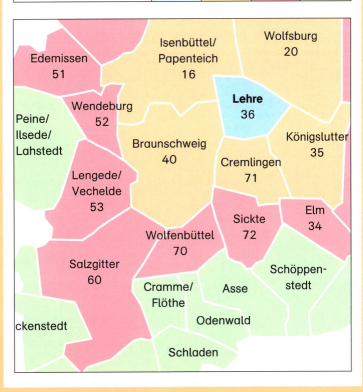

Ungewöhnlichen Textsorten Informationen entnehmen: Statistik

Diagramme zu lesen, ist gar nicht so leicht! Zuerst musst du die beschrifteten Ränder betrachten. Man nennt sie „**Achsen**". Eine Achse zeigt z. B. die Mengen insgesamt an, die andere zeigt deren Verteilung an.

1 Die Grundschule Blumental setzt sich für die Umwelt ein. Damit der Müll in den Klassen nicht überhand nimmt, haben sie vereinbart, dass jedes Kind zum Frühstück eine Brotdose mitbringt, statt das Pausenbrot in Folie oder Papier zu wickeln. Außerdem füllen sie ihre Getränke in Trinkflaschen und verzichten so auf Tetrapacks oder Trinkpäckchen, deren Verpackungen in den Müll geworfen werden müssen.

Sieh dir unten das Balkendiagramm an, und beantworte danach diese Fragen dazu.

a) Welche zwei Klassen haben die meisten Schüler? _____ und _____

b) In welchen zwei Klassen gibt es die meisten Brotdosen? _____ und _____

c) In welchen zwei Klassen gibt es die meisten Trinkflaschen? _____ und _____

Tipps: In diesem Balkendiagramm kannst du sehen:
- Wie viel von etwas da ist, erkennst du an der Höhe des Balkens.
- Für welche Klasse die Balken stehen, steht unter den drei Balken.
- Die Farben der Balken stehen für Informationen über die Anzahl der Kinder in einer Klasse insgesamt (blau), über die Anzahl der Kinder, die eine Brotdose haben (orange) und über die Anzahl der Kinder, die eine Trinkflasche haben (rot).

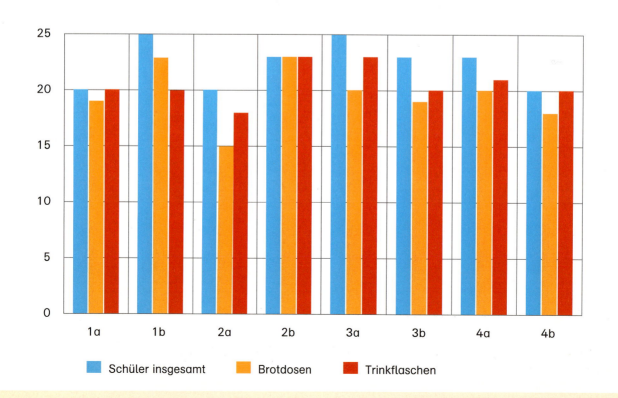

Ungewöhnlichen Textsorten Informationen entnehmen: Statistik

2 Löse die Aufgaben mithilfe des Diagramms auf Seite 118.

a) In welcher Klasse sind genau 20 Schüler? _____, _____ und _____

b) In welcher Klasse sind genau 25 Schüler? _____ und _____

c) In welcher Klasse haben nur 15 Schüler eine Brotdose? _____

d) In welcher Klasse haben genau 20 Schüler eine Trinkflasche?

_____, _____, _____ und _____

e) In welcher Klasse haben mehr als 20 Schüler eine Brotdose? _____ und _____

f) In welcher Klasse haben mehr als 20 Kinder eine Trinkflasche?

_____, _____ und _____

Bist du fit fürs Gymnasium?

3 a) In welcher Klasse haben alle Schüler sowohl Brotdose als auch Trinkflasche? _____

b) In welchen Klassen hat jeder Schüler eine Brotdose? _____

c) In welchen Klassen hat jeder Schüler eine Trinkflasche? _____

etwa 5 min

4 Da einige Schüler sich noch nicht an die Vereinbarung halten, werden sie noch einmal daran erinnert, sich eine Brotdose oder Trinkflasche anzuschaffen.

etwa 10 min

Liebe/r _____,
besorge dir eine Trinkflasche!

Liebe/r _____,
besorge dir eine Brotdose!

a) Schätze, wie viele Erinnerungszettel für Brotdosen gebraucht werden. Kreuze an:

☐ 5   ☐ 10   ☐ 15   ☐ 20   ☐ 25   ☐ 30

b) Schätze, wie viele Zettel für Trinkflaschen gebraucht werden. Kreuze an:

☐ 5   ☐ 10   ☐ 15   ☐ 20   ☐ 25   ☐ 30

Ungewöhnlichen Textsorten Informationen entnehmen: Bauanleitung

Für Vorgangsbeschreibungen wie Rezepte, Spielanleitungen, Bauanleitungen usw. gilt: Sieh zuerst nach, welche Dinge benötigt werden, und besorge sie dir. Vorsicht! Manchmal stehen nicht alle Materialien in der Materialliste, weil vorausgesetzt wird, dass man diese Dinge im Haus hat (z. B. Löffel, Messer, Schere). Deshalb ist es wichtig, dass du auch die Vorgangsbeschreibung durchliest, bevor du mit der Arbeit beginnst.

1 Markiere alle Wörter im Text auf der rechten Seite rot, die dir sagen, was du tun musst, wenn du einen Plastiktütendrachen bauen willst. Achtung, der Text ist nicht in der richtigen Reihenfolge.

Bau dir einen Plastiktütendrachen

1.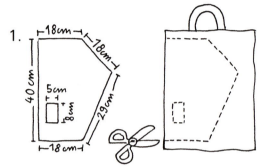

a.

<mark>Säge</mark> deine beiden Holzstäbe auf jeweils 40 cm. Klebe sie mit Klebeband fest.

2.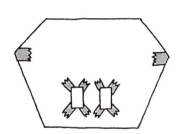

b.

In die Mitte der Schnur knotest du eine Schlaufe.

3.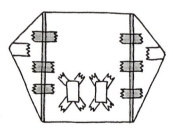

c.

Oben und unten musst du die Holzstäbe so festkleben, dass das Klebeband über die Ecke auf die Rückseite ragt.

4.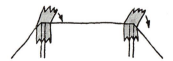

d.

In diese Löcher knotest du eine Schnur, die ein bisschen länger ist, als dein Drache breit ist.

5.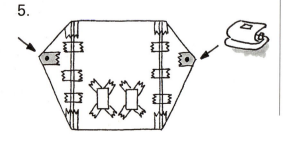

e.

An dieser Schlaufe befestigst du nun den Rest deiner Drachenschnur. Fertig!

Ungewöhnlichen Textsorten Informationen entnehmen: Bauanleitung 121

6.

7.

8.

f.

Klappe den Drachen nun auf. Die beiden äußeren Enden verstärkst du mit Klebeband. Umklebe auch die Fensterecken vorne und hinten.

g.

Mit einem Locher klickst du nun ein Loch in die rechte und linke Ecke.

h.

Zeichne mit Folienstift und Lineal die halbe Drachenform und ein Fenster auf die Tüte. Schneide dann mit einer Schere entlang der Linien aus.

2 Notiere hier, welcher Buchstabe zu welcher Zeichnung gehört:

1	2	3	4	5	6	7	8

Tipp: Achte bei der Arbeit darauf, dass du die Reihenfolge einhältst und nichts vergisst. Das ist einfacher, wenn du dir eine Kopie der Vorgangsbeschreibung machst und Schritt für Schritt abhakst oder durchstreichst, was du erledigt hast.

122 Ungewöhnlichen Textsorten Informationen entnehmen: Bauanleitung

3 Auch Bilder muss man lesen können! Für einige Arbeitsschritte gibt es hilfreiche Bilder, die jeder versteht, der sie kennt. Überlege, was diese Bilder bedeuten könnten, und schreibe die passenden Verben darunter.

Diese Verben brauchst du:

| sägen | lochen | hämmern | backen |
| kleben | umrühren | kochen | schneiden |

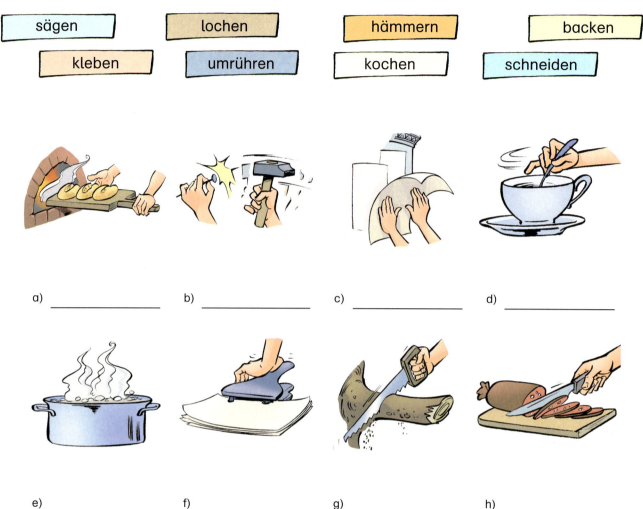

a) _____ b) _____ c) _____ d) _____

e) _____ f) _____ g) _____ h) _____

Bist du fit fürs Gymnasium?

4 In der Bauanleitung auf Seite 120 und 121 fehlt die Materialliste.
Sieh dir den Text und die Bilder noch einmal genau an.
Schreibe eine Liste aller benötigten Materialien.

etwa 10 min

Du brauchst:

_____
_____
_____
_____
_____

Ungewöhnlichen Textsorten Informationen entnehmen: Redensarten 123

Tipp: Häufig benutzen wir Redensarten, ohne genau zu wissen, was sie bedeuten oder woher sie eigentlich kommen.

1 Kreuze an, was diese Redewendungen bedeuten.
Schlage sie in einem Wörterbuch nach, wenn du sie nicht kennst.

wie Pech und Schwefel

- [ ] es stinkt ziemlich
- [ ] zusammenhalten, unzertrennlich sein
- [ ] besonderes Unglück haben
- [ ] etwas brennt stark
- [ ] einen chemischen Versuch durchführen

aus einer Mücke einen Elefanten machen

- [ ] zaubern
- [ ] Tiere gentechnisch verändern
- [ ] etwas stark übertreiben, zu ernst nehmen
- [ ] sich verkleiden
- [ ] jemanden ängstigen

jemanden hat es kalt erwischt

- [ ] jemand hat eine Erkältung
- [ ] jemand ist ins kalte Wasser gesprungen
- [ ] jemand wurde unangenehm überrascht
- [ ] jemand zittert vor Kälte
- [ ] jemand hat gelogen

Bist du fit fürs Gymnasium?

2 Kennst du diese Redewendungen?

etwa 5 min

„Da brat mir aber einer einen Storch!"

- [ ] „Da bin ich aber sehr erstaunt!"
- [ ] „Du willst mich wohl verkohlen!"
- [ ] „Ich möchte lieber etwas anderes essen."
- [ ] „Das schmeckt mir überhaupt nicht."
- [ ] „Sei gut zu Tieren!"

zarte Bande knüpfen

- [ ] Freundschaftsbändchen weben
- [ ] eine Bande gründen
- [ ] einen Heiratsantrag ablehnen
- [ ] eine Liebesbeziehung anfangen
- [ ] jemanden vorsichtig beschimpfen

um die Ecke gedacht

- [ ] man hat sich geirrt
- [ ] man fühlt sich im Recht
- [ ] jemanden ermorden
- [ ] kompliziert, umständlich denken
- [ ] man kann sich etwas nicht vorstellen

| 124 | **Test: Texten Informationen entnehmen** | **45 min** |

| Name: | Klasse: | Datum: |

1 Lies dir den Text zuerst genau durch.

Der Igel

Der Igel ist etwa 22–27 cm lang und 14 cm hoch. Auf dem Rücken hat er viele, fast gleich lange Stacheln, die etwa 3 cm lang sind. Bauch und Gesicht sind behaart. Seine Farbe geht von Erdfarben bis Grau und Braun. Auf seinem Stachelpanzer wimmelt es meist von Flöhen. Die Ohren sind breit und rund, seine Augen schwarz und klein. Er besitzt eine spitze Schnauze, die in einem kleinen Rüssel endet.

Der größte Teil seiner Nahrung besteht aus Insekten, daneben auch aus Regenwürmern, Nacktschnecken, kleinen Vögeln und gelegentlich Mäusen.

Der Igel ist ein Einzelgänger, aber ein- bis zweimal im Jahr, meist im Juni/Juli, bekommt das Igelweibchen drei bis sechs blinde Junge mit weichen, weißen Stacheln. Die Jungen kommen in einem gut gepolsterten Versteck zur Welt. Eineinhalb Monate später sind sie schon selbstständig und suchen sich ihre Nahrung alleine.

Der Igel ist ein Dämmerungs- und Nachttier. Den Tag verschläft er in seinem großen Nest, das er sich aus kleinen Ästen, Blättern, Stroh und Heu gebaut hat. Igel findet man in dichtem Gebüsch, in hohlen Baumstämmen, in Gartenhecken oder in Laubhaufen. Sie machen einen langen Winterschlaf und rollen sich dazu in einem trockenen, vor Kälte geschützten Versteck ein. Noch bevor die kalten Tage kommen, fressen sie sich Fettvorräte an. Igel legen keine Wintervorräte an.

Die verschiedenen Feinde des Igels sind Fuchs, Uhu, Hund und Dachs. Auch von Menschen vergiftete Nahrung (Schnecken- und Insektengift) gefährdet ihn. Die größte Gefahr für den Igel sind aber die fahrenden Autos! Da der Igel bei drohender Gefahr nicht flüchtet, sondern sich zu einer stacheligen Kugel einrollt, wird er auf Landstraßen und Autobahnen oft totgefahren.

Markiere dann im Text die Stellen, die Antworten auf die folgenden Fragen geben:

a) Was sagt der Text über die Größe des Igels?
b) Wie sind Bauch und Gesicht?
c) Wie sehen die Schnauze und die Augen des Igels aus?
d) Wie sehen neugeborene Igeljunge aus?

5 P.

2 Beantworte die folgenden Fragen zum Text. Antworte in ganzen Sätzen!

Aus welchen Materialien baut sich der Igel sein Nest?

_____

1 P.

Test: Texten Informationen entnehmen

3 Wovon ernährt sich der Igel?

_____

_____

1 P.

4 Wie lange versorgt die Igelmutter ihre Jungen, bis sie selbstständig auf Nahrungssuche gehen?

_____

_____

1 P.

5 Wann kannst du einem Igel nicht begegnen? Schreibe in dein Heft, und erkläre deine Antworten. Der Text hilft dir.

4 P.

6 Warum fressen sich Igel vor dem Winter einen Fettvorrat an? Finde zwei Gründe.

_____

_____

_____

6 P.

7 Begründe, warum Autos die größte Gefahr für den Igel darstellen.

_____

_____

_____

_____

_____

6 P.

Test: Texten Informationen entnehmen

8 Während des Winterschlafs verliert ein Igel fast die Hälfte seines Gewichts. Ein Igel muss im November etwa 700 Gramm wiegen, damit er den Winter überlebt. Weil Igel vom Aussterben bedroht sind, nehmen Tierheime und spezielle Igelstationen zu dünne und schwache Tiere auf, um sie „aufzupäppeln". In diesem Diagramm kannst du lesen, wie viel der Igel Toni in der Igelstation zugenommen hat.

Tonis Gewicht

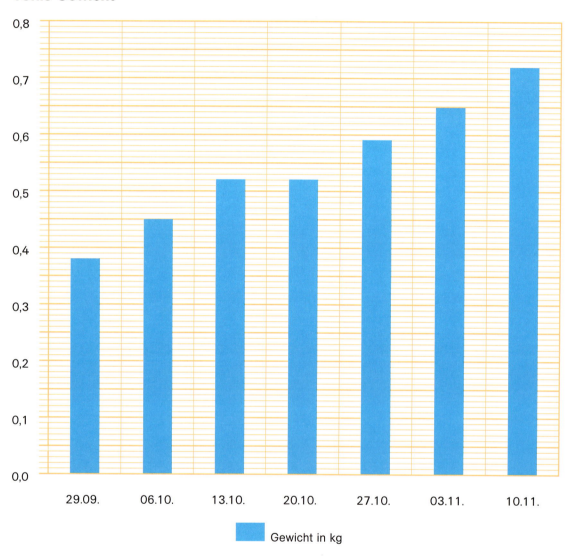

Gewicht in kg

a) In welcher Woche hat Toni nicht zugenommen?

___

b) Kann Toni diesen Winter überleben? Kreuze an: ☐ ja ☐ nein

c) Wie viel Gramm wiegt Toni nach diesem Winter ungefähr?

___

9 P.

Test: Texten Informationen entnehmen

9 Dem Igel Otto ging es nicht so gut wie Toni. Zeichne ein Balkendiagramm, und trage die Werte der Tabelle dort ein. Beschrifte das Diagramm!

Gewichtszunahme Otto:

03.10.	350 g
10.10.	375 g
17.10.	400 g
24.10.	425 g
31.10.	450 g
07.11.	450 g
14.11.	500 g
21.11.	525 g
28.11.	550 g

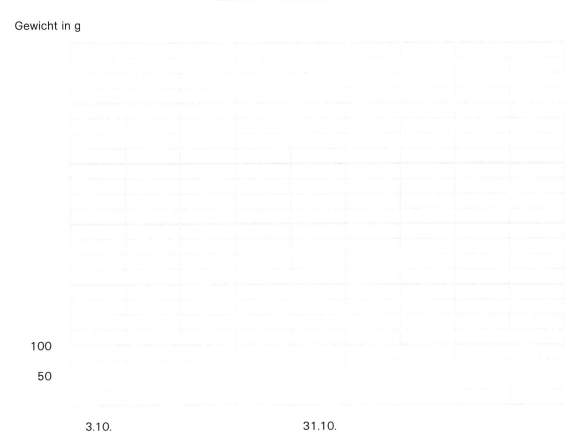

Gewicht in g

100
50

3.10.   31.10.

9 P.

10 Max hat einen Igel gefunden, der 900 g wiegt. Er möchte ihn bei sich zu Hause in seinem Zimmer überwintern lassen. Mit welchen Argumenten überzeugst du ihn davon, dass seine Idee gar nicht gut ist?

Schreibe deine Antwort ins Heft.

12 P.

In diesem Test habe ich ☐ Punkte von insgesamt 54 Punkten erreicht.

Das entspricht der Note ☐ . (Schau in den Lösungen auf S. 40 nach.)

Ich komme ins Gymnasium!

Die Bausteine für den Weg ins Gymnasium

- kompletter und übersichtlich eingeteilter Lernstoff
- spezielle Aufgaben mit Zeitangaben für künftige Gymnasiasten
- Tests mit Notenschlüssel
- herausnehmbare Lösungen
- separater Elternratgeber

- intensives Üben eines wichtigen Schwerpunktbereiches
- spezielle Aufgaben mit Zeitangaben für künftige Gymnasiasten
- Tests mit Notenschlüssel
- Extraseiten mit Tipps und Tricks
- herausnehmbare Lösungen
- separater Elternratgeber

- 24 herausnehmbare Klassenarbeiten
- alle wichtigen Regeln zum Nachschlagen
- Tipps zur Vorbereitung auf Klassenarbeiten
- Vorlagen für persönliche Leistungskurven
- herausnehmbare Lösungen
- separater Elternratgeber

Erhältlich im Buchhandel.
Weitere Informationen erhalten Sie unter www.klett.de

Klett Lernen und Wissen GmbH, Rotebühlstraße 77, 70178 Stuttgart
Telefon 0180 · 255 38 82, Telefax 0180 · 255 38 83